Ƀ

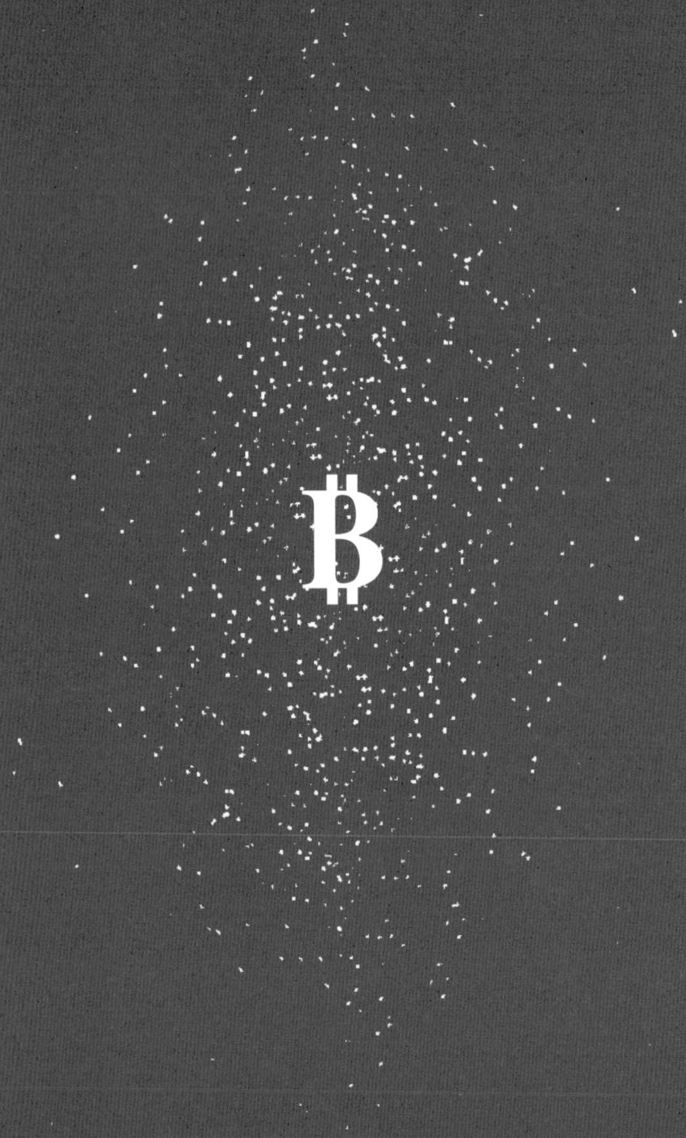

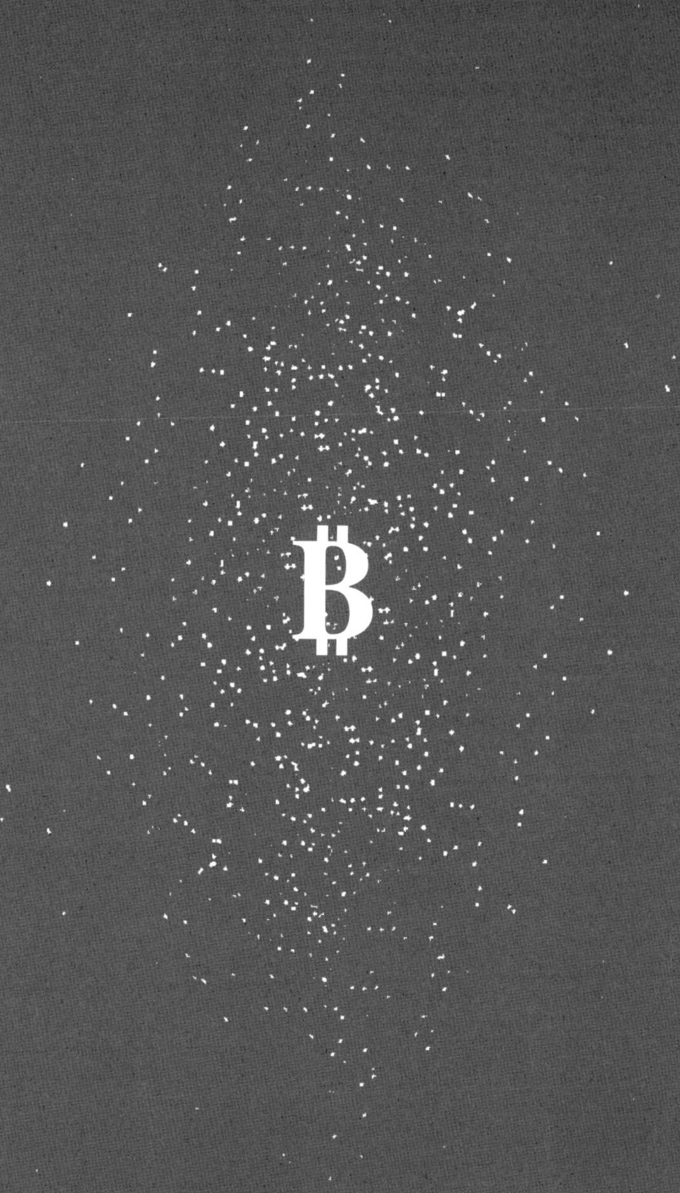

錢進加密貨幣

掌握金融變局，彎道超車搶先機！

13 萬投資人的金融教練

比爾的財經廚房（楊書銘）－著

suncolor
三采文化

銀行的起源，也將是銀行的終局

你想像中的數位金融是什麼模樣？充滿科技感，光鮮亮麗，拿著 iPhone 透過軟體就可以投資全世界或盡情購物嗎？然而，這並非數位金融的核心目的。金融應該是為了讓人們生活更好而存在，數位金融不更是如此嗎？

疫情期間，各行各業都遭受了嚴重衝擊，尤其中小企業、小商販、小吃店等等支撐人們基礎生活的產業，受傷最為慘重，不僅來客數大減，租金、薪資仍得照付，真的是無以為繼。然而，此時金融業在幹嘛呢？據媒體報導，2020 年 3 月央行總裁楊金龍，為了 2,000 億中小企業的資金融通機制，親自打電話給公民營銀行董事長拜託協助。這讓我聯想起泰國一支廣告，是位賣麵老闆在疫情期間為了籌措員工薪資，拿著房地契找銀行協助，卻頻頻碰壁的故事，看得我眼眶泛淚。一個無法實現普惠大眾的金融業，到底存在的價值是什麼？

自十七世紀英格蘭銀行成立之後，現代商業銀行不斷聚攏各類業務，逐漸形成當今的龐然大物。然而銀行巨大並非體質強壯，相反的，銀行極其脆弱，只要大家領出存款，銀行就倒了；銀行的強大來自政府支持，這是銀行不斷壯大的根基。而為什麼政府要持續支持銀行呢？白話說，就是一雙白手套，政府需要透過銀行傳導他的政策目標，放出資金，或是收攏資金。

　　然而銀行作為中介機構的能力正在弱化，考量到自身利益與風險評估，銀行收下了政府給的錢，卻不會再往下放，因為報酬太低，風險太高。舉例來說，2020 年第一波勞工紓困貸款放款 917 億，一年過後，已經變成呆帳的金額就超過 1 億，有逾期還款情事的比率將近 2%，如果不是勞動部的補貼，銀行絕對不可能願意承擔這些風險。

　　而數位貨幣將打破金融中介機構的壟斷地位。現在央行的貨幣政策，用升息或降息達到目的，就像開刀剖

腹，把你弄得死去活來，又不一定治得好。中國已經在實驗數位人民幣，可以直接看到每一塊從央行出去的錢，最終用在誰的手上。

當技術持續發展，當央行能夠做到「定向」投放貨幣，就像是「達文西」手術[1]，只開一個小洞便能進行治療。對於銀行的依賴度將逐步降低，得不到政府支持，銀行自身又是不穩定的來源、金融風暴的起點，明斯基（Hyman P. Minsky）在「金融不穩定假說」當中已經論證過，金融海嘯更讓大家不得不正視這個問題。

因此，要降低金融不穩定，下一步就是要拆解銀行。你知道三千年前，希臘文的 Bank 是什麼意思嗎？「一張算錢的桌子。」這是銀行的起源，也將會是銀行的終局。

楊書銘

---

1 達文西手術即為微創手術。

目 錄
CONTENTS

2 彎道　新資產崛起

3 實作 走入 加密貨幣的世界

4 _{心態} 用對方法，實現彎道超車

₿ ₿ ₿

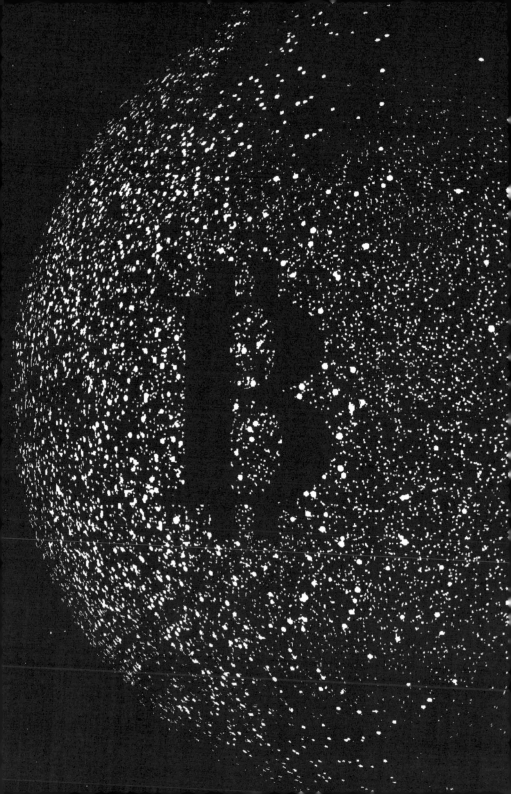

1

起點·
金融變局將至

金融的源起竟是一張算錢的桌子？
這張桌子經過一代一代傳衍，
成為「大到不能倒」的金融巨獸～銀行。

然而，銀行真的對人類無可或缺嗎？
我們現在的生活，到底被銀行大老影響多深？

暗潮洶湧的金融變局，
將揭開人類經濟史的全新局面。

國家 VS. 銀行，如何影響我們的生活？

　　小時候我們看哆啦A夢，都會很羨慕大雄有一台時光機，可以自由穿越想去的時空。金融，其實是一部人造的時光機，將你未來能用的錢，挪到今天來使用（貸款），或是將現在的錢，保留到未來（存款）。

　　在公元前 2400 年巴比倫時期的一個陶製圓錐體上，曾找到當時兩個古城因為爭奪農田，而留下的一段賠償要求訊息。收復失土的一方以「欠租」名義向另一方加計利息，作為賠償。當時常用的大麥貸款利率高達 33.3%，透過「複利」計算出一個天文數字，大約是近代美國大麥年產量的 580 倍，這是人類歷史上第一份「複利」的證據。

　　「時間本身是有價值的」，這點十分抽象，也是金融思維的驚人成果。正是因為有了金融體系，人類成為能夠穿梭時光的動物。

時間推進到希臘與羅馬時期，雅典的小麥大多須靠進口，最遠可以到黑海。羅馬則仰賴尼羅河三角洲取得穀物。因此必須有創新的金融架構才能激勵海外農民耕作，並且讓士兵及船長們願意冒著生命危險運回糧食。

　　雅典針對海上貿易發展出完整的解決方案，例如「船舶抵押貸款」，也就是將船隻與貨物抵押給放款人，若船沉了，借款人無須償還貸款。從船舶抵押貸款契約來看，顯然雅典已經具備了完整的商業法規來約束希臘人民的經濟生活。而抽象化的金融制度則具體呈現在最早期的「銀行」。

　　希臘語中「銀行」是指銀行家們算錢的一張桌子，而不是一個地方或一棟建築。當然這張桌子並非普通的桌子，而是一塊大理石板，表面有兩組線條，左右各有幾組數字，用籌碼在線條上移動來計算。對，你想的沒錯，它的作用就跟算盤一樣，差別在於算盤是算珠在竹串上移動，而銀行桌則靠籌碼在石板線條上移動。

　　金融對一個國家的重要程度，其實遠超過你我的想

像。很多人揣測羅馬衰敗的原因，有人說是野蠻人入侵，有人說是羅馬政治的腐敗。但觀察羅馬從興盛到衰弱的過程，有個重要主角扮演了舉足輕重的角色，那就是貨幣。原本羅馬不產金也不產銀，相較於當時的希臘，羅馬簡直是窮鄉僻壤。但羅馬打贏迦太基戰神——漢尼拔之戰後，順利取得伊比利半島的金礦及銀礦，從此踏上主導整個地中海世界的康莊大道。

可以說羅馬成為帝國，靠的是金融技術：鑄幣、投資與信貸機構。金融並不是配角，而是羅馬的血脈。相對的，羅馬後期日耳曼民族興起，阻斷了羅馬取得北歐礦藏的路線，加上伊比利半島採礦工程遭受當地原住民的滋擾，產量大減，羅馬失去了銀礦，也失去了人民的信心與維持經濟力量的能力。

▶ 金融的核心——銀行

金融的核心不能脫離銀行。說起銀行，大家應該覺得很熟悉，銀行開戶、存錢、借錢，都是我們的日常。但你

是否想過，為什麼我們需要銀行？在金融科技（Financial Technology，簡稱 FinTech）時代，金融服務是可以被複製的，即使只有符合銀行法規範設置的機構才能被稱為銀行，但可以提供類似功能服務的網站或組織其實也越來越多了。

以銀行為例，金融機構的主要功能大約有三個：金融中介、信用創造、交割結算。換成熟悉話語來說，正對應了銀行的三大業務：存款、貸款、匯兌。金融中介是銀行最主要的功能，簡單來說，就是聚集一批資金（存款），然後以貸款方式分配給需要資金的單位。在過去，大企業對資金的需求十分旺盛，須靠大量擴產做增資，在直接融資[2]不夠發達的年代，透過銀行的間接融資（借貸）便是非常重要的管道。

然而，現在大企業的資金需求已經降低，就算有，也可以透過股票或債券來籌措資金，而資金需求逐漸轉為中

2　直接融資：透過股票上市籌措資金。

小企業或是個人。從這個角度想，銀行是否有充分發揮了金融中介的功能呢？答案是否定的。因為銀行缺乏對中小企業或是個人真實信用能力的評估，導致銀行不敢放款。疫情期間，當央行希望針對中小企業紓困的過程中，甚至要央行總裁親自打電話拜託，可見銀行中介機構的能力已蕩然無存。

那為何我們需要「中介機構」呢？

在「需要資金的人」及「擁有資金的人」之間，存在著資訊不對稱，金融中介機構存在的核心意義，其實是為雙方建立「信任」。銀行在中間所賺取的價差，也就是資金供求雙方建立信任所需付出的成本。現在銀行作為中介機構的能力江河日下，但是銀行的獲利及規模卻與日俱增，這是什麼原因呢？以美國銀行業為例，在金融海嘯之前，因為資金寬鬆，在追逐利潤的動機驅使之下，次級貸款這種高風險的產品成為金融機構競相投資的對象。如同英國央行蘇格蘭銀行行長馬克‧卡尼所說：

銀行業務不再由商業需求所推動，而是由銀行自身的需求推動。資本市場的各種交易不再關乎客戶利益，而變成單純的交易。新金融工具的設計不再是為了實體企業對沖信用風險，而是利用各種可能性增加金融機構本身的利潤。

　　因此，新時代的金融需要進一步降低「將儲蓄轉換為投資（放款）」過程中的交易成本。而降低金融中介的成本，就需要降低資金兩端因為資訊不對稱，或是道德風險所導致的建立信任成本。舉例來說，中小企業拿了錢是真的有訂單要生產嗎？借錢的人有能力償還債務嗎？金融中介的底層技術、金融活動的組織形式、業務流程與規範、基礎設施等等都需要重新打造，才能滿足新時代金融降低建立信任成本的需求。

　　過去幾年急速發展的「金融科技」、「Bank 3.0」，實際對傳統金融帶來什麼改變呢？**銀行將不只是一個「地方」，而是一種「行為」。銀行正在從「實體」的領域進入「數位」。**

其實，這樣的改變不過是希臘時代的返璞歸真。金融體系發展過程中，銀行不斷聚合各種功能，形成龐然大物；但每一項功能若透過科技以不同的方式結合或拆開，便能回歸使用者的真實需求。例如，以電子支付改進了支付環節，讓過去僅能用現金收付的小商家、個人，有了更簡便的體驗，彌補傳統銀行在支付服務上的空白，大大提高了效率，甚至促成了純網銀的誕生。

　　但即使純網銀可能對傳統金融中介產生衝擊，但網路金融模式並非無懈可擊。首先，網路雖讓資訊更容易取得，但並不能保證其真實性和準確性。其次，許多社群平台或網路金融服務，都是利用自己的海量客戶資訊作為大數據，如交易紀錄、搜尋偏好、支付習慣等等，但這些數據並沒有形成流通，不同客戶的資訊壟斷在不同網路巨頭手中，缺乏一個共享機制，形成資訊孤島效應。

　　此外，數據的集中存儲增加了個人資料洩露風險，私人數據的所有權和使用有著被掌握大數據的企業濫用之可能。也因此隨著科技進展，我們想像中的金融，似乎即將有新的蛻變發生中。

◣ 金融與貪婪

　　《瘋狂、恐慌與崩盤》作者金德柏格教授將金融循環分成三階段，首先是房地產和證券的價格上漲，再來是價格觸頂，隨後是價格崩盤潰堤。他認為信貸供給能增強景氣的擴張；但反方向，信貸緊縮則會加重後續崩盤的可

金融循環三階段

價格崩盤
信貸緊縮加重崩盤

價格上漲
信貸供給加速擴張

**房地產
證券**

價格觸頂

能。因此，資金跨國的移動，將會導致進一步放大金融危機的損害。

　　金德柏格認為「跨境投資流入增加」會直接導致證券市場和貨幣價格上漲。舉例來說，2002 ～ 2008 年的冰島案例當中，發現有大量的跨境投資流入，使冰島克朗價格急漲，冰島股市漲了 9 倍之多，民眾跟著大量購買股票，最終銀行債務過高，導致國家破產。

　　這引發了一個問題，到底誰該為金融危機負責？或許很多人會認為華爾街的貪婪引發了這場災難。但我們從金德柏格的研究發現，在大多數的情況下，金融危機常常從一個國家擴散到其他國家，既可能在同一時間影響多個國家，也會以某種方式從起源中心散布到其他國家。

　　繁榮與恐懼會透過一連串傳導管道在各經濟體間傳遞，包含了各式的貨幣流動（例如銀行的匯款、存款增加或減少），或是商品以及各式金融證券的套利、投資人心理等等。而這中間，又由於跨境投資的流入或流出，將不同國家的證券市場價格聯繫起來。例如，在 1960 年代

後期美國因為寬鬆的貨幣政策，產生過多貨幣，資金開始出現外溢，通膨持續上升，美國流到日本及德國的投資跟著增加，資金大量流入的結果，導致日本、德國的貨幣供給與通膨率同步上升。

當某處的危機發生，資金會往安全的地方擠。亞洲金融風暴發生後，流入美國的投資激增，近一步推升網路科技泡沫，顯示跨境投資流動的變化與股價泡沫有關聯。大規模的跨境投資流動在過去 30 年發生了 4 次，反映出全球資金池規模的變化，也標誌著全球經濟失衡的結果。

水往低處流是回應萬有引力，而金錢則會跨越國境往預期報酬率更高的地方流動。一個國家的股價上漲和貨幣升值，都會引來外國資金的流入。

然後，資金流入驅使流入國的經濟成長持續走強，使得股價衝得更高，一片榮景之下則讓銀行貸款趨於寬鬆，更高的貸款成長又再度引爆股市繼續往上。但當股市開始向下修正時，外資放緩，幣值下跌，接著房貸收緊，買家開始產生現金流的問題。一輪資產價格的調整就會展開，白話點來說，就是要跌了。

▶ 當危機成為風暴

　　過去 30 年的一個重要特徵是，大型國際銀行可以在國際市場上取得資金，接著便能放款給各國的借款者。舉例來說，愛爾蘭在 1995 ～ 2007 年之間，曾經有過一段房地產榮景[3]，為其融資的就是總部位於都柏林的商業銀行，而這些銀行的資金來源則是借自外國的銀行。然而受到 2008 年全球金融風暴、歐債危機影響，外國資金消退，愛爾蘭頓時陷入泡沫經濟。相同例子也發生在同一時期的西班牙。起源於美國的次貸危機，透過金融機構的中繼、放大槓桿，便如同漣漪般在世界各國擴散為一場金融風暴。

　　從歷史上看，泡沫與激情常常透過多個管道從一國傳到另一國，例如日本經濟高速成長之際，韓國與台灣經濟也高速成長。「套利」是危機國際傳導的重要管道之

3　愛爾蘭於 1990 年代曾經歷經濟起飛的奇蹟，被稱為凱爾特之虎。

一，也就是一國某種商品價格發生變化時，透過投資人的交易，其他國家的類似商品會出現相應的價格變化。

而「跨境流動」，則構成了一國與他國之間的第三條管道，國外資金大量流入會導致本國證券價格上漲，而資本流出將導致本國貨幣面臨貶值風險。

一派學者的說法是主張政府不要干預，容許經濟靠自身力量修復與調整。其中，「道德風險」是他們主張政府不干預的主要理由。因為如果政府進場挽救房市或股市，會讓許多投資人錯估風險與報酬的關係，誤以為可以冒更大的風險。

但是金融危機究竟能不能仰賴更嚴格的監管與督導來避免呢？矛盾的是，銀行受監管已經超過 300 年了，監管措施估計可以寫成一本電話簿的厚度。但歷史經驗告訴我們，對銀行的監管反而會衍生出監管範圍以外的生意。例如，成立影子銀行，或者是為了規避銀行風險準備金及存款保險費用，發展出離岸金融等。

有人會說，若非有這些監管措施，現在發生的金融危

機搞不好會更多。但從歷史紀錄來看，指望一部《陶德-法蘭克法案》[4]就能避免下一次系統性危機的機率是很低的。銀行在風險中損失的程度主要看兩個因素，一個是銀行危機爆發前幾個月股價上漲的範圍與程度；其次，則是政府決定應用自有資金或信貸能力避免銀行破產的時間。從房價與股價開始下跌，銀行現金流加速枯竭，一直到政府明確表示將無限量供應資金為止。（這套劇本怎麼感覺很熟悉？）

中央銀行在過去數百年的發展中，逐漸演進出了「最終放款人」[5]的概念。也就是當金融資產流動性普遍受限，或出現擠兌時，最終放款人將實施「彈性貨幣供給制度」[6]為市場提供必要的流動性，避免恐慌繼續蔓延。《經濟學人》傳奇總編沃爾特·白芝浩（Walter Bagehot）提出一條原則就是，只要公眾提出貸款要求，就應該有求必

---

4 2008年銀行危機之後制定了《陶德-法蘭克法案》，用來限制銀行放貸。
5 意指當金融危機發生時，中央銀行必須盡到融通責任，防止恐慌引起的通縮。
6 也就是由中央銀行調控貨幣的供給量，促使市場活絡，例如2020年美國的無限QE即為一例。

應。但最終放款人需要決定的事有的簡單，但有的則是很困難。

　　舉例來說，簡單的就是接受國庫券，然後換現金給銀行。困難的就會是明知擔保品有問題，還要挽救岌岌可危的銀行嗎？而所謂的規則其實就是沒有規則。就好像「大到不能倒」常被解讀為「大到不能關」，因為如果不撐著，整個信貸管道將面臨崩潰。換句話說，最大的銀行可以瀕臨倒閉但還撐著，繼續營業。但小銀行一有問題，存款保險公司就會接管銀行。在這裡，可以很清楚看到「道德風險」讓最終放款人面臨兩難的抉擇。

　　白芝浩認為：央行對無力償債的銀行應開放無限度放款，但必須加收懲罰性的利率，亦即利率比銀行貸款所賺到的都要高。

　　以美國於 2020 年祭出的 QE1、QE2，一直到 QE4 的無限量化寬鬆政策為例，如果這些方案顯著防堵了金融市場恐慌導致的風險，白芝浩會贊成；但如果反而因此提高了證券資產的價格，則他可能會反對。

而國際最終放款人的主張則是——降低國家把通貨緊縮的壓力傳導給貿易夥伴的機率。因為當出現貿易逆差時，貨幣價格通常會下跌，並透過貨幣貶值來增加出口，成為「以鄰為壑」的狀態，將國內危機轉嫁到其他國家身上。

　　因此國際最終放款人的主要責任就是對國家提供流動性，避免出現偏離經濟基本面的大幅價格波動。當政府向海外借款，而這些外國債主突然抽資金的時候，如果有國際信貸組織提供協助，將能夠避免本國貨幣的下跌。

　　成立於 1945 年的國際貨幣基金組織（IMF），即提供了正式的協議來對本國政府擴展信貸，用來協助他們應付龐大的收支逆差與貨幣危機。基金仰賴成員國認購資本，再將這些募集到的貨幣池用來借入美金或其他外國貨幣，如此一來，國際貨幣基金的成員國就可以為收支逆差來融資。

　　然而，有了國際最終放款人，過去三、四十年的金融動盪是否得到緩解呢？似乎未必。因為許多國家在面臨貨幣危機時，並不願意接受 IMF 的協助，主要是附加條件

相當嚴格，除了會讓經濟通縮，連帶國家財政主權也一併交了出去。舉例來說，墨西哥在 1994 年的金融危機中，如果能夠更早地接受紓困，披索貶值的情況以及國內經濟衝擊的程度都會小很多。

　　簡單做個結論，雖然金融史上充滿銀行導致崩潰的論調，但金德柏格試圖得出一項啟示：如果存在單一的「國際最終放款人」——當然是指最終放款人有發揮功能的情況，經濟系統將不會出現毀滅性的影響。

　　然而，麻煩的是，現在國際霸權正在裂解為區域陣營的世界，如同當年金德柏格的預言一樣，這顯然是未來數十年我們即將面對的挑戰。

打響金融警鐘的關鍵一年

　　人類歷史中無數次陷入景氣的循環週期，明斯基提出金融不穩定假說（Financial Instability Hypothesis，簡稱 FIH）而享譽於世。當全球金融危機來襲，學者稱之為「明斯基危機」或「明斯基時刻」，藉此表彰他的研究貢獻。直覺上，如果你今天在路上隨便抓一個路人問他，覺得市場經濟活動是不是穩定的？路人可能會說「不穩定」；但如果剛好問到一個經濟學家，他會告訴你：這個不穩定只是一個過程，「一隻看不見的手」最終會將市場經濟活動導引到「均衡」的狀態。整個經濟學的演進過程，都在追求最終的「均衡」狀態。

　　明斯基早在 1986 年著作的《穩定不穩定的經濟》提出了金融不穩定性的假說，但一直要到了 2008 年金融海嘯，學界才重新認識到他的觀點，此時距離他過世已經有 12 年之久了。

▶ 為何金融注定不穩定？

　　這必須從金融市場的主要參與者談起了，也就是銀行。這裡所說的銀行，不是中央銀行，而是一般的商業銀行。經濟學家經常一上來就假設「錢是從天上掉下來的」，掉到手中成為資產。

　　但現實世界不是這樣的，每個人手裡的「錢」來自別人的負債。在美國，硬幣是財政部的債務，紙幣是聯準會的負債，活期存款是銀行的負債。大部分人認為銀行就是吸收存款然後拿來放貸，但是明斯基指出，無論何時銀行需要現金滿足取款需求，都不會去找存款人，而是轉向中央銀行。中央銀行則會運來現金塞滿銀行的 ATM（自動提款機）。相應地，中央銀行則是在銀行準備金項下記上一筆。

　　隨著時間推移，現金餘額越來越多，因為銀行支出的現金多於收回的現金（所有市面存在的現金都是從銀行 ATM 領出來的）。假如銀行準備金不足會怎樣？中央銀行會不會拒絕付現？不會。中央銀行會出借準備金來滿足

現金需求。

　　也因此，一般大家談到「印鈔票」，就會想到聯準會或是中央銀行。但其實整個市場印出來的鈔票，中央銀行只占一小部分，因為他們提供的只是準備貨幣，透過商業銀行的貨幣乘數更能創造出源源不絕的貨幣。

　　銀行是怎麼印鈔的呢？當然就是透過借貸，當景氣好的時候，銀行會急著想把錢借出去。擴大支出和資產購買需要融資，只要銀行願意提供融資，那廠商就能源源不絕的擴大生產而資產價格（例如股價）就會提高。

　　花旗集團前任 CEO 查克‧普林斯曾如此描述：「只要音樂奏響，你就必須起身跳舞。」如果每個人都在放款，那麼你的銀行也不得不放款。但是當音樂停歇，你突然發現手上持有著各種不好的、無法出售的資產，這時候銀行就會「雨天收傘」急著想要收回貸款；甚至在互相踩踏之下，各種貸款以及資產價格均會出現崩潰式的下跌。對明斯基而言，現代的景氣循環就是金融循環。

▶ 危機是怎麼發生的？

　　正如銀行會助長經濟繁榮一樣，銀行也會加速經濟崩潰。明斯基對金融的脆弱性提出了著名分類，其中最不安全的是「龐氏融資（Ponzi Finance）」。龐氏融資是指收入甚至無法償付利息，因此負債方必須不斷依賴借款來償付利息（貸款餘額隨著貸款到期持續增長）。如果收入下滑或者利率提高，那麼投機融資會轉變成龐氏融資。近期的金融危機表明，龐氏融資也可能是金融業放貸標準不斷放寬所導致的結果。很多家庭在 2007 年之前透過龐氏融資獲得住宅抵押貸款，但其實他們的收入根本沒辦法支應貸款。

　　也因此，銀行「順循環」的放貸行為強化了景氣循環，增加了不穩定性。我們可以把銀行看作景氣循環的加速器，而且作用於正負兩個方向。明斯基的理論可以總結為「景氣循環投資理論和投資融資理論」。前半句是凱恩斯的經典觀點，即投資支出的波動影響景氣循環。當企業對未來持樂觀看法時，工廠和設備投資就會增加，從而創

造就業和收入。當預期變壞時，投資支出和就業也會隨之
降低。

▶ 危機來臨時，該怎麼辦？

我們簡化為「大政府」與「大銀行」兩部分來說明。
所謂大政府，指的就是擴大財政赤字，確保經濟不會螺旋
式下滑進入大蕭條。如果政府發現經濟正在滑入深度衰
退，運用財政政策擴大支出，減少稅收；只要財政刺激及
時，便能防止失業率過度上升而造成稅收暴跌。但是若刺
激政策不足或者時機過遲，則經濟下滑可能會更具毀滅
性——失業率提高到兩位數，企業利潤暴跌。

而所謂的大銀行，明斯基一直認為身處危機時，中央
銀行應該立即、無限制地提供流動性，甚至提倡將最後貸
款人援助擴展至「非銀行的銀行」，也就是我們現在所稱
的影子銀行。這正是聯準會透過特別融資便利機制所開展
的舉措。換句話說，如果他還活著的話，他可能會支持聯
準會對市場流動性的一連串救市行動。

應對 2020 年的新冠疫情，美國聯準會可以說是全面開啟印鈔機的生產線。聯準會這次鈔票的生產線，分為長期與短期。短期的週轉工具於 3 月 12 ～ 13 日兩天就提供市場超過 1.5 兆的短期週轉金；長期工具則會每週印出400 億的鈔票，上限可達 7,000 億規模。

　　短期工具即為「附買回操作」。根據媒體報導，聯準會紐約分行每日隔夜附買回金額在這之前已經調高到1,750 億美金，3 月 12 日再度出手加大附買回力度，兩天內實施 1 兆美金的 3 個月期附買回操作，以及 5,000 億美金的一個月期附買回操作。

　　所謂的「附買回」可簡化成：假設銀行需要資金，先出售有價證券給聯準會，並約定於一定期間後按雙方預先約定之價格予以買回。通常買回的價格比較高，中間的價差就是利息。最短的時間就是一個晚上，長則可達 3 個月。附買回等同於央行向市場投放資金；而附賣回，則是回收資金的工具。兩者統稱為附條件交易。

　　交易標的如果為無風險的美國公債，這個隔夜附買回利率，可當作觀察市場短期利率變動的重要指標。

此外，2008 年金融海嘯後，全球央行開啟了印鈔模式，則屬於長期操作。2002 年，全球四大央行總資產（也就是他們發行的貨幣）只有 2.8 兆美金；18 年後 2020 年全球四大央行總資產竟高達 20 兆美金，甚至接近 21 兆美金。

　　印鈔一般是透過購買國債形式實現，聯準會購買美國國債，日本央行購買日本國債，歐洲央行就購買歐洲國債和企業債。除了印鈔，聯準會的另一招便是「降息」，例如 2020 年新冠疫情初起便宣布緊急降息，下調至 0%，同時將數千家銀行的準備金要求也降低至 0%，並把銀行貼現窗口的緊急貸款（一級信貸）利率下調至 0.25%，並延長貸款期限至 90 天。

　　前面所提到的「貼現」，也可以稱為重貼現政策。假設銀行需要資金，可以將貼現所收到的未到期票據，再貼現給中央銀行，就可以拿到現金。到期後，中央銀行憑票向銀行收回現金。央行透過提高或降低重貼現率，可以影響銀行從央行獲得重貼現貸款的能力，來達到調節貨幣供應量和利率水準的目的。

▶ 狂印鈔，會不會通貨膨脹？

　　當央行以「印鈔票」政策因應危機，難道不會導致通貨膨脹嗎？比較常聽到的說法是「錢會滾進股票或債券市場，不用擔心通膨」。但這顯然站不住腳，否則現在全球股市表現最好的國家應該是委內瑞拉？如果透過資本市場就可以吸收多餘的流動金錢，那麼許多問題只要靠股票跟債券就都能夠解決了；換個角度想，日本在過去長時間提供市場大量的流動性，但日本股市並沒有水漲船高。

　　也有人樂觀地認為：「只要聯準會持續寬鬆，有這麼多的資金在市場，股市未來還是偏多。」確實在整個 1990 年代，尤其是 1990 年代後期，貨幣供給與股價報酬率之間，呈現亦步亦趨的狀態，貨幣供給增加後的股價報酬率也隨之增加；然而來到 2000 ～ 2013 年，這個慣性被打破了，貨幣供給的增加，正好跟股價報酬率呈現負相關；2013 年以後，兩者關係變得有點不明顯。

由於股市跟貨幣供給並非完全正相關，所以不能用「錢進股市，所以不通膨」解釋之。那該怎麼看懂這件事呢？我想可以借鑑貨幣學派的相關理論作為參考。

貨幣學派的大老傅利曼認為，貨幣需求是穩定的，因為貨幣需求取決於長期因素，比如健康、教育和收入這些個人終其一生都在期待的東西，這些因素不會胡亂變動，因此貨幣流通速度也不會劇烈變動。他認為只要能控制貨幣供給，你就等於控制了一把能操控整個經濟方向發展的鑰匙。控制了貨幣供給，等於控制了汽車的油門，用力踩油門，汽車就會往前走。

不過，要使貨幣供給發揮支配作用有一個前提，貨幣的流通速率（貨幣週轉率）必須相當穩定。也就是說，不管貨幣供應量如何，人們必須以相對平均而且可預測的速度支出貨幣；同時銀行也必須跟隨中央銀行的腳步放出貨幣，而非考慮企業前景與獲利來發放貸款。否則，只要用作消費或投資的貨幣使用速度改變，貨幣政策的效果就會被抵消。

貨幣流通速度為什麼重要？我們可以把貨幣流通速度想像成車子的「排檔桿」，只要檔位正確（貨幣流通速度穩定），「貨幣供給」便如同油門或剎車，可以直接控制經濟成長的引擎。相反的，如果貨幣流通速度不穩定，也就是當排檔桿無法運作時，人們對於消費便會猶豫不決，導致引擎失控。

　　什麼是適當的貨幣供給水平？我們必須先瞭解人們以多快的速度花掉手上的錢。我們傾向把鈔票捏在手上，還是拿到錢就快速地花掉？貨幣在經濟體系中流通的速度有多快？如果貨幣流通速度很快，一個國家就不需要那麼多的貨幣。相對的，如果人們在花掉之前，會把貨幣放在床底下閒置好幾個月，那麼貨幣需求量就會變多。

　　1990 年代的貨幣流通速度都在上升，正好此時的貨幣供給增加，因此可見股市的報酬率是呈現正相關；2000年開始，貨幣流通速度急遽趨緩，或許是因為持續下跌的公債利率，人們傾向將錢放在床底下更久，導致了聯準會猛踩油門（大量印鈔票），仍不見成效。但因為購買力未下降，所以不會出現通貨膨脹。

▶ 錢印多了，連利息都變成負的

　　放眼已開發國家，目前已有 9 個國家的央行將基準利率設在零以下。一般民眾雖然不必因為存款而付費給銀行，但商業銀行將超額準備金存放在央行時，則必須付費。你可以把超額準備金想像成銀行一時借不出去，或是沒人借的資金。舉例而言，如果存款利率是 -1%，則商業銀行每存放在央行 1,000 萬美金，年底餘額將降為 990 萬美金。

　　接下來，我們來看看歐洲央行實施負利率的結果吧！理論上將基準利率設在零以下，應該能夠壓抑商業銀行的超額準備金，結果竟然是完全失效。2012 年 6 月歐洲央行正式把存款機制利率降為零。隨著歐洲央行持續的寬鬆政策釋出大量貨幣，截至 2019 年年底，商業銀行超額準備金竟來到 1.5 兆歐元，歐洲各銀行可說是錢滿為患。唯一可能的效益是，由於負利率降低資金流入的意願，有可能壓低匯率，降低出口成本，進而刺激出口成長。而歐元兌美金在這段期間確實是同步貶值的。

從另一個角度上看，還有一種負利率是——商業銀行存款名目利率雖低，但仍然是正數，只不過利率低於通貨膨脹率，導致存款實質利率為負利率。換句話說，存款人的實質購買力正在被通膨侵蝕。這也就是說，有些人認為既然是負利率，那我錢就放床底下就好了，這當然不是好方法，你的錢還是會變不見。

　　台灣的實質利率在 2019 年雖然未超過 1%，但所幸絕大多數月份還能維持正數。相較而言，中國在 2019 年年底進入負利率，日本則是從 2016 年 10 月以來就一直是實質負利率，這對高齡化社會的日本無疑是致命的打擊。想像一下，你勤勤懇懇地存下一筆退休金，希望這筆退休金能讓你安享晚年，但現在退休金夠不夠用都已經是問題，央行還來偷你的錢，真是情何以堪。

　　負利率之所以發生，歸根究柢還是因為央行超發貨幣。過去超發貨幣曾引發惡性通貨膨脹，導致購買力下降；現在的狀況則是因為負利率，讓你的購買力下降，最終結果是一樣的。

▶ 當財主不如當「債」主

　　現代經濟中的錢，其實是透過金融體系創造出來的，是由信用創造出來的，是由借貸創造出來的。事實上，有越來越多的研究指出，借貸的歷史可能比貨幣更久遠，離你的生活也更近。怎麼說呢？不曉得你是否發現台灣人喜歡在飯桌上搶著付帳？這一種社交的「有來有往」、「禮尚往來」，講白了，就是一種原始型態的借貸關係。這頓飯今天由我結帳，明天換你付錢，才等於清償債務。如果你老是占人便宜不付帳，久了，你的朋友也不會再約你吃飯了。

　　學者近期對「物物交換」或是「以物易物」的交易型態提出了質疑，認為在人類早期的農耕生活，不存在用青菜換雞蛋的以物易物法，而是養雞的人給我雞蛋，改天我的青菜收成了，再送一籃青菜給他。這種互助關係至今仍可在台灣農村看到，當我們的鄰居有婚喪喜慶，村子裡的人還是要有錢出錢，有力出力，因為今天你不幫人家，改天你需要的時候，也不會有人幫你，這就是債務關係。

有了債務關係，記錄債務的文件也就隨之誕生。國中的歷史課本寫到戰國時期的孟嘗君時有一個故事，說的是孟嘗君家中的一名食客，幫孟嘗君「市義」，也就是買了仁義的故事。故事內容大概是這樣：孟嘗君有一天想找人去領地將農民們所欠的債都收回來，而收回來的債，看家裡缺什麼便買回來，有一位食客叫馮煖的自告奮勇去討債，結果馮煖到了領地就一把火把借據都給燒了，回來跟孟嘗君說買了仁義。從故事當中，可以清楚的知道早在戰國時期，就已經有了明確定義債務的文件，也就是借據的存在。

　　債權人孟嘗君是個富公子，他的債務人（領地佃農）顯然是一群受到迫害的無辜受害者，所以當孟嘗君燒了借據，就能夠獲得被剝削的廣大群眾支持。在回教的伊斯蘭教義當中，甚至明白記載：利息是一種不勞而獲的所得，所以借貸嚴禁收利息。可見在過去的借貸關係中往往是有錢人壓迫窮人。

　　有趣的是，現代經濟中，擁有銀行存款、債券、人壽保險的你們，其實自己就是債權人。你把錢放在銀行

裡，銀行便是你的債務人，因此他要付你利息；你買了鴻海的公司債，鴻海成了你的債務人。這些擁有公司、銀行經營權的富人，反而成為金融體系下的主要債務人。

往下深思，當你暫時把不需要的物資出借給別人，若干時間之後回收，這個過程拿回來的只要比借出去的多，一來一回的差距就是「利息」。利息來自於你遞延享受的報酬——犧牲了馬上可以有的享受，換成若干時間之後再享受，否則誰會冒著收不回來的風險出借？寧可把物資堆在家裡。

也因此，利息一定會是正的，也就是你借出去的少，拿回來的多，這個是常態。負利率，將顛覆人類過去上萬年的「基本認知」。

應對負利率，我們能做什麼呢？我想應該要轉換思維，由原本的「理財思維」調整為「理債思維」，與其當財主，不如當「債」主。存款是把錢借給銀行，如果利息太低，甚至是負的，那就不要借了。改當銀行的股東吧！把自己變成跟大眾借錢的人，只要有人還願意借免成本的

錢給你，這個生意就還能做。借錢給鴻海，買他的公司債，你就是鴻海的債主。或是去買房，我知道大家痛恨炒房，但房地產能跟銀行借到房價的 8 成，而且利率甚至低於 2%，長期來看，幾乎是不用利息的，房價只要不漲不跌，那就還是應對負利率的好工具。

換句話說，為了更好的看好自己的荷包，你必須更了解金融工具，同時必須留意除了負利率，一個更大的變局正在逐漸成形。

▶ 印鈔救市有效嗎？

我相信是會有效的。但市場就像一隻隻口渴的烏鴉，有一隻大烏鴉開始往瓶子裡丟小石頭，水位上升了一點，馬上就被小烏鴉給喝掉了，大烏鴉宣布他會持續的丟小石頭進去，維持到年底。但小烏鴉們還是很渴，呱呱呱的叫，大烏鴉繼續丟，終於有一兩隻烏鴉先喝飽了。陸陸續續喝夠水的小烏鴉越來越多，但大烏鴉還沒停，因此就會有些小烏鴉開始把水賣給麻雀，還有的水滿出來，連旁

邊的草都發芽了，瓶子旁一片欣欣向榮。直到大烏鴉找不到小石頭可以丟，或是瓶子已經被塞滿小石頭為止。

　　這聽起來像是一個悲傷的故事，但身處其中，我們只會記得欣欣向榮的美好，總是會遺忘沒水喝的那一天，或是覺得沒水喝的不會是我。

新世界降臨

累積了上百年的人類智慧，銀行成為現代金融的基礎，然而經歷了一連串危機之後，人們意識到銀行儼然已經變身為大到不能倒的巨獸。但是，來到數位時代，我們依舊需要金融，但我們真的需要「銀行」嗎？

2009 年比特幣出現之後，區塊鏈技術就被視為將對傳統金融帶來新衝擊。首先，區塊鏈具備「去中心化」特質，這表示很多交易都能夠以「點對點」的方式直接進行，不需要再透過傳統金融中介機構來完成。以跨國匯款為例，以往必須依靠不同的資訊傳遞協議和結算協議，在全球各個銀行、中轉行進行處理，使得跨國匯款不得不耗時又昂貴。如果應用區塊鏈技術，便能繞過傳統跨境轉帳的繁雜系統，在付款人和收款人之間創造更直接、迅速的付款流程，而且無須中間手續費。

延續至今，連中國央行與阿聯酋央行都已經宣布加入多種央行數位貨幣跨境網路（m-CBDC Bridge）項目，共同探索中央銀行數位貨幣（CBDC）在跨境支付的應用，挑戰現有 SWIFT 體制（一種常用的跨國匯款協議）。

　　儘管許多區塊鏈應用在各方面都顯示出巨大的潛力，但目前最受矚目的自然是「去中心化金融（Decentralized Finance, DeFi）」，已迅速成為眾多資金追捧的細分市場之一。在 DeFi 的世界裡，貨幣和銀行基礎架構不再是某個中心化實體，而是真正屬於所有的市場參與者。金融網路也不再於中心化的伺服器上運行，貨幣和市場將通過分布式協議運行（區塊鏈智能合約），它們之間可以直接組成信任網路。英國的《經濟學人（*The Economist*）》雜誌曾在 2015 年的一篇文章中提到，**區塊鏈是一台創造信任的機器，它讓人們在互不信任並且沒有中立機構的情況下做到相互信任和相互協作**。而「信任」其實就是金融運作的基石。金融機構之所以存在，就是因為他們扮演了創造信任的角色。

　　在現有的金融系統中，無論是最基本的存取款、轉

帳，還是貸款等金融服務，都是由中央系統統一控制調度。而 DeFi 則希望通過分布式協議建立一套具有透明度、開放性、包容性的點對點金融系統，將信任風險最小化，讓參與者更輕鬆、便捷地獲得融資。與傳統的中心化金融系統相比，DeFi 平台具有三大優勢：

‧有資產管理需求的個人無須信賴任何中介機構。

‧任何人都有訪問權限，沒人有中央控制權。

‧所有協議都是開源的。因此任何人都可以在協議上合作構建新的金融產品，並在網路效應下加速金融創新。

DeFi 不僅將信任對象從人轉移到了代碼上，而且還有可能實現巨大的網路效應，為全球金融市場構建了真正的信任基礎。

然而區塊鏈距離要接管傳統金融領域，恐怕還有很長的路要走，它的應用可能受到現有監管機制和法律的約束。舉例來說，區塊鏈「去中心」的目的在於：不能讓一切都是被少數人控制的強大中心；同時，在區塊鏈中，每個節點地位、權利均等，在這種公平的機制條件下，

大小組織機構，甚至是國家，都可以自由地成為無數節點中的一員，受到系統公平的對待。然而，這難免會造成去中心化以後，監管更加困難的狀況，例如既然所有的決策都是社群投票所做的決定，那麼監管機構到底要對誰下指令呢？然而監管是與時俱進的，法令追上技術的腳步其實只是時間的問題。舉例來說，比特幣雖然是去中心化網路，但網路交易完全公開透明，追溯起來其實比現金、黃金等傳統貨幣更方便，就算是匿名幣，也有需要變現的一天。各種洗錢或是詐欺行為在網路上都會呈現明顯的態樣，舉例來說，詐騙的資金會先從分散帳戶匯集到同一個帳戶，再分散到不同帳戶，種種網路上的行為還是可以抽絲剝繭找到最終的始作俑者。

總之，網路金融科技的發展，確實加速了金融服務的普及，但是要進一步降低金融中介的成本，可能會需要透過區塊鏈，然而不論最後是什麼技術，我們還是要知道，最終金融服務的關鍵不在技術，而是技術背後能夠定義美好和實現美好的人。

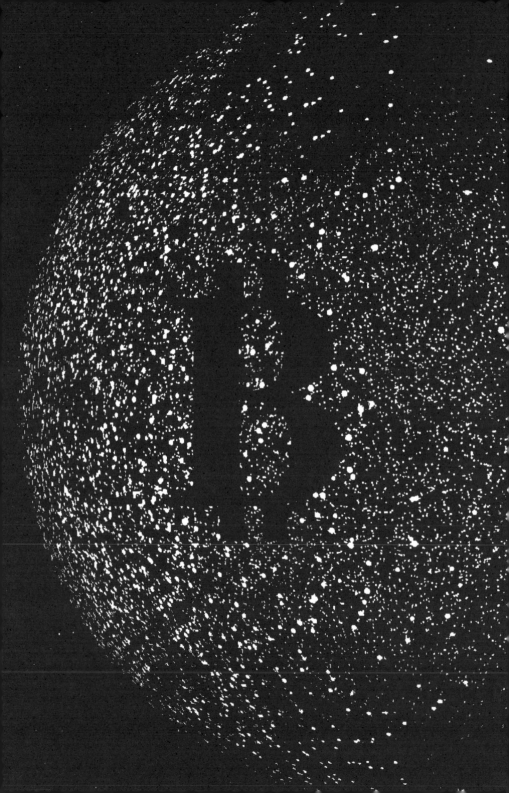

2

彎道‧

新資產崛起

當銀行不再只是便利生活的好幫手，
它可能是聚合貪婪的巨獸，
或者是偷走荷包的第三隻手。

那麼下個世代選擇的新資產，
又會是什呢？

什麼是新資產？

　　貨幣、房地產、股票，甚至基金，這些工具一般被認為是「資產」，可以為「價值」所表彰。價值儲藏與傳遞，在過去的物理世界，一向是門麻煩的功課。在現實的物理世界裡，如果我手裡有一枚郵票，給你之後，你得到了這張郵票，而我就沒有了。所以我們可以做實物資產的交換和買賣，不管是以物易物，還是用貨幣進行交易都推進了金融史的腳步。這些資產，我們可以通稱為「Old Money」。既然有 Old Money，那是否有 New Money？

　　網際網路快速發展之後，在傳統網路上，我手機裡有一張郵票的照片，透過 Line 或是 WhatsApp 發給所有朋友每人一張，但我手機裡的那一張依然存在。網路資訊可以無限複製，所以現在的網際網路只能傳遞資訊而無法傳遞價值。價值一旦被無限複製，價值便同時被消滅了。

　　回到郵票那個例子，在區塊鏈當中，我手機裡有一張

郵票的照片，只能發給一位朋友，發出去之後，我手機中的郵票照片就沒有了；而且這個數據在轉移的過程會被記載在區塊鏈上，我不能反悔，也不能篡改，更不能自己再複製一份。

如果這張郵票照片對應著物理世界中一枚真實郵票的所有權，隨著照片所有權的流轉，你擁有這張郵票的照片就等於擁有了真實物理世界中這枚郵票的所有權，可以到某個地方去兌換這一份實物資產，那就是實物資產數字化以後的價值傳遞。

不管是一張照片，還是一個數字資產，或者是版權、專利，都可以透過區塊鏈被傳遞和交易，並且被永久記錄下來。現在這些可以被記錄下來的數字資產，正在形成一種 New Money。

▶ 新價值世代的覺醒

馬克・庫班（Mark Cuban）這位 NBA 達拉斯獨行俠球隊的有錢老闆，1958 年出生在美國賓夕法尼亞州的匹

茲堡，從小家境並不富裕。為了滿足生活所需，在庫班的童年，基本上就是不斷的在找尋各種低買高賣的機會。1971年，當時匹茲堡的報紙業正在罷工，而此時庫班年僅12歲。他搭車前往了鄰近的城市克里夫蘭，用每份0.25美金去購買各類型的報紙，然後在匹茲堡以超過4倍的價格賣掉。從小就有集郵興趣的他，靠著低買高賣五花八門的郵票，賺到了1,100美金，並藉此負擔昂貴的大學學費。1998年他與大學同學共同經營Broadcast.com，一個轉播大學NCAA籃球比賽的網站。1999年，Yahoo以價值59億美金的股票收購了Broadcast，讓他一夕暴富。

熱衷於集郵的庫班很快意識到這個市場的運轉效率十分低下，即使同一張郵票在同一場郵票展覽中，也會以不同價格出售。他發現只要購買郵票後能夠快速出售，賺取價差的機會非常高。因此，他迅速地從郵票收藏家變成了郵票「投資家」，試圖將郵票市場的低效率運轉變為自己的「獲利優勢」。

當庫班看到華爾街正在發生的事，讓他想起童年買賣郵票的日子，可謂市場效率低下，且被特定掌權者壟斷。

在威權之下，絕大多數市場參與者都會被迫服從，直到他們受不了這些做法，才會開始反抗。遊戲驛站（GME）先前發生的軋空事件，可以說是一個「新價值世代」覺醒的警訊，但華爾街巨頭們似乎還渾然不知。

此話怎講呢？對於許多人來說，把加密資產看作是一種價值儲藏可能仍是個瘋狂的想法。對他們來說，加密資產沒有內在價值，只不過是空洞的「數字表示」而已。傳統投資者總是會說：「您需要擁有一些『有形的』東西才能使它有價值，否則很難應對欺詐行為。」比如黃金就是最具歷史性和可見性的價值儲藏之一。因為古往今來它都扮演了貨幣基礎的角色，錨定了貨幣的價值，更是抵禦通貨膨脹的對沖工具。

事實上，除了有足夠多的人相信黃金敘事以外，黃金沒有任何獨特或特殊之處。其他包含：藝術品、汽車、郵票和許多其他「收藏品」也可以被視為價值儲藏，人們之所以要「儲藏」，原因之一是他們需要擁有物資作為實體存在和稀缺性確認的證據。在區塊鏈誕生之前，「實物」投資似乎是人們唯一的價值儲藏手段。

但是在網路世界中長大的新生代都知道，即使不擁有實體，他們也知道什麼東西有價值。譬如說「音樂」，過去被刻錄在 CD 上，但現在上網就能收聽，這些音樂依然是有價值的。這些「網路原住民」傾向於相信，比起傳統定義上看得見、摸得著的實物，智能合約（以及他們所代表的加密資產）才是更好的投資。

庫班以自己蒐集棒球卡或郵票為例，平常必須非常小心地保存這些實物，還需要保護它們並使其安全。當要出售郵票或卡片時，需要將實物交付給購買者，而在運輸過程中也會存在相當大的風險。在很多行業裡，這些牽涉到人對人的交易，因此傳統系統中存在著各種風險和成本。所有這些都是非常昂貴、費時，而且惱人的。

當我們改由透過區塊鏈進行數字商品分配、存儲和維護的智能化管理時，沒有任何一方能壟斷交易，同時礦工競相確認交易。因此，如今由區塊鏈驅動的資產已合法地成為了價值存儲最好的工具。當然，這並不代表數字商品和加密資產市場已臻完美，但越來越多的投資者認為，因為沒有中心化權力機構，年輕投資者可以透過自己的努力

獲得回報，無須政府機構或大企業支持。**他們喜歡自己作主的感覺。**

　　總結來看，股票、黃金都只是價值的一種存儲形式，與過去歷史上出現過的其他價值存儲一樣，後一代價值存儲總是勝過前一代。權力越分散，集體合作產生的力量就越大，一種 New Money 正在形成。

▶ 醒醒吧！「加密貨幣」不是貨幣

　　我媽媽一直問我，到底比特幣可以買什麼？是不是只能買特斯拉？好啦！現在連特斯拉都不能買了，比特幣還有用嗎？

　　時間拉回 2008 年雷曼兄弟破產，引爆金融海嘯，正當各國央行極力救市的當頭，中本聰發布論文《比特幣：點對點電子現金系統》，隔年 1 月 3 日，中本聰挖出比特幣的第一個區塊「創世區塊（Genesis Block）」，暗示「比特幣是為了應對金融危機而生」。

　　正因為比特幣特殊的時代背景，以及中本聰最初的起

心動念，許多人剛開始接觸比特幣時，總是想著比特幣是否有一天將會取代現金？

　　貨幣的本質是充當商品交換的媒介。從貨幣發展史來看，貨幣最重大的革命性變革就是從「實物貨幣」走向「信用貨幣」。實物貨幣的特點是自身具有內在價值，並以自身價值來彰顯商品的價值，充當商品交換的媒介。而信用貨幣體系則是與國家權威體制有緊密的關係，國家信用成為壟斷貨幣發行的基礎。

　　實物貨幣時代，金銀因具有質地均勻、價值高、便於分割、易於攜帶等屬性，而逐漸成為人們普遍接受的貨幣。金銀本身具有內在價值，同時又具有貨幣屬性。然而，隨著社會商品價值的不斷成長，黃金儲備無法滿足貨幣發行的需要，這是金本位制崩潰的根本原因。美金與黃金脫鉤之後，貨幣就完全脫離了金屬價值，成為一種觀念上的計量單位。貨幣價值由實物貨幣轉變為由國家信用支持的信用貨幣。

　　從貨幣演進歷程看，貨幣的本質是商品的交易媒介，

要讓社會廣泛接受，必須要有實物或者信用支持。隨著社會發展，貨幣的形式不斷演進，由實物黃金到紙黃金，再到國家信用支持的法幣。而加密貨幣則是密碼學創造的新工具，它能否成為貨幣史上的又一次革命性變革和新的里程碑，至今仍然充滿疑問。

▶ 從貨幣的本質看加密貨幣

以比特幣為例，它是利用加密技術演算法產生的一串代碼，不同於黃金，本身不具有自然屬性的價值。比特幣能否成為交換媒介，完全取決於人們的信任度。

其次，比特幣數量規模設定了上限，就好像黃金與白銀受限於天然儲量一樣。儘管數量有限這件事，讓許多人認為比特幣優於其他加密貨幣，甚至可以媲美黃金。但正因如此，比特幣有限的數量與不斷擴大的社會生產和商品流通之間存在矛盾，若成為主要貨幣，將導致通貨緊縮，抑制經濟發展。

此外，在加密貨幣身上似乎還存在一個悖論：一方

面，人們希望去中心化技術和發行數量的限制，可確保加密貨幣價值的穩定；而另一方面，國家需要依靠貨幣政策調控經濟運作，而這恰好需要中心化的系統安排。因此到目前為止，加密貨幣無法同時兼顧人們對幣值穩定的追求和對貨幣政策的需求。此一悖論也就代表了——人們必須在追求「幣值穩定」和利用「貨幣政策調節經濟」之間做出選擇。

現代國家根據商品生產和交易的需要發行「法幣」，也就是具法律保證的貨幣，並透過中央銀行調節保持法幣的價值穩定。即使隨著技術的進步，單一紙幣發展為電子貨幣等多種形式，其背後依然是國家信用的背書。相對的，基於社群創造和發行的加密貨幣並不是真正意義上的貨幣，除了欠缺國家信用支持，也缺少中央調節機制。也因此，加密貨幣的價格波動劇烈。

▶ 貨幣永遠是政府才能做的事

無論是比特幣或是其他加密貨幣，某種程度上都體現

了「貨幣非國家化」的思想。這個觀點最早由英國經濟學家哈耶克在 1970 年代提出（Hayek, 1976）。金本位制以及固定匯率制度被廢除後，由於央行貨幣發行容易受政府干預，導致西方各國普遍爆發嚴重通貨膨脹。為了控制通膨，學術界展開了廣泛討論，提出許多思想主張：首先是，以傅利曼為代表的貨幣學派強調「控制貨幣數量」。受此觀點影響，各國推行了一系列改革，包括加強央行獨立性、引入貨幣政策規則、建立通貨膨脹目標等。

其次是哈耶克提出的「貨幣非國家化」理念，其核心論點是認為，只有廢除各國政府對貨幣的壟斷才能實現價格水準穩定。哈耶克在書中提出了一個革命性建議：廢除中央銀行制度，允許私人發行貨幣，並任由展開自由競爭，而這個競爭將是發現最佳貨幣的過程。哈耶克認為，如果政府控制貨幣是不可避免的，那麼金本位制優於其他制度；如果打破政府的貨幣壟斷，而競爭性貨幣的發行者便有了限制發行數量的強烈動機，那麼就連黃金的信賴度也未必高於競爭性貨幣。

哈耶克認為，一旦允許公眾自由選擇，公眾會選擇幣

值穩定的通貨，並拋棄幣值不穩定的通貨。而發鈔業務的競爭將促使各發鈔行不斷調整自己的通貨供應量，來確保通貨幣值穩定，從而實現物價水準的穩定。

　　然而，哈耶克設想的非國家化構想其實很難實現，基本上來說，沒有任何一個主權國家會願意放棄自己的發鈔權，也因此他的貨幣非國家化理念難以成為現實。另外，私營發鈔行亦存在許多疑慮，舉例來說：如果不相信國家的信用，一個去中心化的社群難道會具備更好的信用嗎？其次，在一個經濟體系中，很難存在價值標準和兌換比例不統一的多種貨幣同時流通，試著想像去全聯超市購物，標籤上出現多種不同幣別的價格，那會讓你多混亂？貨幣價值不統一將會增加許多交易成本，為經濟活動帶來不便和損失。最後，單靠競爭性貨幣的調節機制也很難維持一貫性的穩定，例如，一旦出現大規模贖回或急遽增加的貨幣需求，私營發鈔行將難以應對。

　　不過，這類近似做法並非不存在，香港就是由三家商業銀行發行港幣的體制。香港貨幣局負責港幣的發行規

模，但自身不發行港幣，而是由三家商業銀行基於 100%
的美金準備發行港幣。

　　一切的根本還是回到「貨幣政策」上。貨幣政策是國
家調節經濟的最重要手段，這幾十年下來，各國央行充分
利用貨幣政策來影響經濟的發展走向，相信大家都不會感
到陌生。1970 年代後，石油危機的出現，各國普遍出現
高通膨和經濟成長停滯的現象。貨幣學派把貨幣政策作為
總體經濟調節的主要工具，在物價穩定和促進經濟發展
上發揮了明顯的效果。近期的新冠疫情以及 2008 年的金
融海嘯，美國實施量化寬鬆的貨幣政策，也取得了明顯成
效。可以說，貨幣政策與稅務、警察、法院等一樣，是現
代國家運行的基礎，是國家機器的重要組成部分。只要國
家的型態不發生根本性變化，以國家信用為基礎的貨幣體
系就將始終存在。

　　另一個角度來想，那麼如果是國家自己發行數字貨幣
呢？其實，數字貨幣不僅僅是一個貨幣型態的改變，如果
央行發行數字貨幣並採用區塊鏈技術作為基礎設施，那麼
就會對現有的金融市場帶來根本性的改變。因為現有金融

市場是以中心化的模式為基礎，各個機構記錄著自己的數據，當機構與機構之間發生交易時，則透過另一個中心系統，也就是清算機構來保證交易雙方的記錄一致。

　　但轉換為區塊鏈技術後，當一筆交易發生時，雙方就在彼此之間直接記帳，由區塊鏈技術來保證這筆帳準確無誤，不需要一個中心化的清算系統來記錄交易。這對任何一個主權國家都是巨大的改變。所以迄今為止，除了中國人民銀行之外，各國央行在數字貨幣上並無實際進展。而中國人行的 DCEP，它既不「去中心」，也不單純只依靠區塊鏈，跟目前大家認知的加密貨幣是截然不同的兩個物種。但是中國的 DCEP 卻可能對美金霸權形成威脅，因此聯準會也正在積極籌備自家的數位貨幣版本。

　　因此下一個世代的貨幣競爭，較大的機率會出現在國家主權數字貨幣間的競爭，而非與「加密貨幣」的競爭。加密貨幣成為「貨幣」的機率是很低的。

◥◣ 國家發行的加密貨幣 ─────────────

　　早在 2014 年時，中國人民銀行（以下簡稱人行）行長周小川就成立法定數位貨幣專門研究小組，論證發行數位貨幣的可行性。7 月中國國務院火速批准了人行研發數位貨幣。2020 年 3 月 25 日，當全球都還在為新冠肺炎焦頭爛額之際，人行宣布已完成了數位人民幣（DCEP）的基本功能開發，並將在蘇州等地試辦。

　　就中國人民銀行公布的資料顯示，人行發行的數位貨幣主要是希望取代現金。若想要將現金轉為數位人民幣，必須解決三大議題：

　　一、具有匿名性的現金，原本便有洗錢和資助恐怖主義的風險，一旦數位化將更難以掌控。

　　二、現已盛行的街口或支付寶這類電子支付，看似與數位貨幣血統相近，但根植於信用卡或銀行帳戶，無法滿足匿名支付的需求。

　　三、偏鄉和網路覆蓋不佳的地區，對現金的依賴程度明顯居高，難以推廣數位貨幣。

　　順應民眾對小金額、高頻率支付業務的需求，人行

根據不同級別的錢包設定交易限額和餘額限額,再透過後台大數據的蒐集,防範數位貨幣被用於洗錢和資助恐怖主義。使用 DCEP 交易時,交易雙方是匿名的。但當要反洗錢、反恐怖主義和反避稅時,仍然可以追溯到真實的交易對象。從這個角度,你便可以發現中國的數位人民幣,並非是「去中心化」的產品結構。

不過 DCEP 確實有其優勢,當極端條件下,如天災、地震等情況沒有網路,網銀和第三方機構的使用則會處於癱瘓狀態;而 DCEP 採「雙離線技術」,只要兩台裝有錢包的手機對碰一下,即可完成支付,和紙幣一樣便利;又或者搭乘廉價航空時,需要自行購買飛機餐、飲料,高空飛行沒有網路的情況下,所有移動支付都無效,但使用 DCEP 即可完成支付。

此外,當政府因天災人禍要進行紓困方案,如果 DCEP 存在,央行可以直接在符合發放資格的電子錢包中增加貨幣數量,並可針對特定對象加強生活扶助;而且,由於這些貨幣的流向都可追蹤,領取補助金的民眾,基本上不敢用這些資金去購買毒品或槍枝等非法行為,甚至可以依據政策的方向,將消費鎖定在民生必需

品及日常採購。

　　DCEP 的數位特質也為政府實施「非常態的貨幣政策」創造了條件。舉例來說，在使用現金的情況下，名目利率將不可能低於 0%。因為如果銀行對一般民眾的存款實施負利率，民眾會選擇將存款從銀行中取出，以現金的形式儲藏起來，避免價值損失。不過，如果 DCEP 完全取代現金，央行則能夠透過設計使 DCEP 的利率低於 0%，直接偷走你荷包裡的錢。

　　最後總結一下，雖然中國的 DCEP 以及各國央行（包含台灣）研究的 CBDC，都是一種數字貨幣。但這些國家數位貨幣與比特幣有著明顯差異。DCEP 採用「混合式」架構，並不屬於嚴格定義下的區塊鏈加密貨幣。其次，DCEP 真正要取代的是紙幣現鈔，公眾持有的央行數字貨幣依然是中央銀行的負債，由央行進行信用擔保。

　　因此，本書中提及的加密貨幣，並不包含這些國家發行的數位貨幣，要先區分清楚，才不會人云亦云。

▶ 「加密貨幣」非貨幣，卻是資產

加密貨幣作為貨幣使用，除了比特幣歷史中有名的「兩個披薩」以外，幾乎沒有消費者真正拿它去支付、購物。價值儲存、記帳單位的功能，也因為比特幣價格波動實在太劇烈，幾乎不可能實現。

在大規模零售運用上，比特幣其實還有其他的問題。我們知道比特幣依靠區塊鏈技術運作，而區塊鏈作為零售交易的應用有一個先天缺陷，就是其「分布式帳簿」。分布式帳簿作為一個信任機制，每一筆交易，系統中所有節點都要去記一次帳，對數據進行完整的計算和存儲。試想看看世足賽期間，同事們吆喝在辦公室對賭的場景：

小李說：「如果法國贏了，我輸你 100。」

隔壁小王說：「你皮夾有錢嗎？」

小李把皮夾翻給小王看，確實有 100。小王就在小本子上記載「小李有現金 100」，然後整個辦公室的人也同時在各自的小本子寫上「小李有現金 100」。

從這流程來看，比特幣的可擴展性確實比較差，如果我們用區塊鏈技術做支付，交易速度將會變得很慢，若你去買一杯咖啡，付款時得等上幾分鐘，才能確認交易完成。這個體驗顯然會讓人打退堂鼓，改掏鈔票比較快。

然而，由於分布式帳簿具有「不可篡改、不可抵賴、不可撤銷」的特性，讓加密貨幣作為一個「資產」則是綽綽有餘。

例如，在土地產權方面，有許多國家仍然存在著貪腐與財產權保護的缺失。以東歐小國喬治亞為例，這個 1991 年從前蘇聯獨立出來的國家，2017 年初，與 BitFury 公司合作，用區塊鏈進行土地和房地產登記及交易；同年，瑞典土地登記機構，也完成了基於區塊鏈的土地和房地產登記平台的初步試驗；其餘像巴西、日本、俄羅斯、英國、烏克蘭等國家，紛紛在這一個領域進行試驗與探索。

講到這裡，比特幣作為一項加密資產的地位，應該可以獲得印證。但比特幣，是否有機會成為像黃金一樣的

「避險資產」？黃金在幾千年的人類歷史中扮演「最終價值」這個神一般的角色，不論是作為紙幣發行背後的價值準備，或是作為交易的最終支付工具，黃金地位無可撼動。即使比特幣具備了稀缺性、可攜性、同質性、可分割性、永久性等等跟黃金相同的特質，但不代表就能馬上取代黃金，成為新的「最終價值」之神。

為什麼呢？

如同尤瓦爾‧哈拉瑞（Yuval Noah Harari）在《人類大歷史》中所說，人類特有的「共同想像」是人類力量的根本泉源。我們的智人老祖宗把一個想像和故事創造出來，一傳十，十傳百，它就變成很多人的共同想像。黃金之所以是黃金，便是累積了人類上千年的共同想像，橫跨國家與種族，打造了不可撼動的地位。

▶ 加密貨幣將成為新資產？

現代的金融業以及相關金融的服務本身就是一個不斷「中心化」的過程，先前我們談到雅典時期的銀行，其

實不是一個場所，也不是一個大樓，而只是銀行家算錢的一張桌子。銀行業務受到政府的支持，不斷「聚攏」的過程中，整個經濟也就跟銀行產生密不可分的關係，甚至成為經濟不穩定的根源。

事實上，銀行業具備天然的脆弱性，當銀行收入 10 塊錢存款，便借出 9 塊錢賺取利息，這代表你的實體現金並不存在行庫內。所以只要有足夠多人取領全部現金（擠兌），銀行就會面臨破產。然而銀行屬於「特許經營」，銀行的背後就是政府，因此政府的支持才是銀行能生存的最根本原因。政府倚賴銀行開展現代化金融服務、發行信貸發展經濟，同時銀行也依賴政府作為最終放款人，兩者形成緊密的共生關係。

而基於金融科技創新所產生的「去中心化金融（DeFi）」，正在從多個面向「解構」銀行所提供的服務。DeFi 的威力在於透過區塊鏈的智能合約和數據快速流動來實現資源的有效交換。這樣全新的體制，究竟會不會打破政府和銀行共同建構出來的現代經濟呢？

❶ 傳統金融：擁有政府的支持與悠久的監管歷史，更有著長期累積的習慣與安全感。

❷ 去中心化金融：具備透明、開放和不可篡改和無須中介的特性，在交易層面具備強大吸引力。

　　如同美國證監會（SEC）主席詹斯勒（Gary Gensler）所說：「加密貨幣領域給市場上的投資者帶來了各種風險。加密借貸平台和所謂的去中心化金融（DeFi）平台給投資者和試圖保護他們的 SEC 工作人員帶來了一些挑戰。」比特幣與以太幣在監管方面存在「漏洞」，目前數千種加密貨幣中，大部分是作為證券方式運作，而涉及其中的違法行為不勝枚舉，傳統的證券交易詐欺有證交所可以把關，但在加密貨幣的領域卻非如此，目前僅有 75 件違法行為能依法處理，其他的根本無法可管。詹斯勒認為，這種「時而商品，時而證券」定義模糊的加密貨幣，必須設立明確法規，才能保障投資人。

　　未來 DeFi 能否真正走入主流，或是被傳統金融吸收

成為其中一部分，要考慮的不只是技術，對投資人的保護以及監管技術的修訂與更新，將會是加密貨幣能否成為全民所接受的「新資產」關鍵。

揭開加密貨幣的面紗

　　若要進入加密貨幣的世界，首先要知道，加密貨幣絕不僅僅是比特幣而已。2021 年，自從鋼鐵狂人馬斯克（Elon Musk）在推特的個人簡介加上「bitcoin」標籤，比特幣的價格瞬間飆高，讓許多人瘋狂跳入加密貨幣之海，而這枚「比特幣」也成了無人不知、無人不曉的年度話題。

　　然而，加密貨幣不僅僅止於比特幣，若要瞭解這個新世界不能靠瞎子摸象，單從新聞推播看到的都是表面。不同代幣各有千秋，先從話題熱燒的加密貨幣，跨入新世界一探端倪。

▶ 加密貨幣①比特幣

　　如果我們把比特幣跟其他多數的加密貨幣相比，你會

發現一個明顯的差異，也就是截至今天為止，我們還不知道比特幣的發明人——中本聰，到底是誰？而比特幣的運作也確實如中本聰當初所設計，由去中心化的社群、礦工們共同運行，沒有中心化的主持人或老闆在指揮。比特幣於技術上的創新，讓它成為一種數位化、稀缺、高波動的價值存儲，這點即使是美國證監會 SEC 主席也是認同的。或者我們也可以簡單地把它想像成數位黃金。

「比特幣的本質決定了，自 0.1 版本發行以後，其核心設計便已固定，永遠不會被改變。」

—— 中本聰 2010.6.17

迄今為止，比特幣不僅成功擊退了外來的攻擊，還有力地抵制了任何改變比特幣、更改比特幣特性的企圖。

如果將比特幣比作一家央行，它將是全球最獨立的央行；如果將比特幣比作一個國家，它將是世界上主權最高的民族國家。比特幣的主權源於這個事實：所有人都知道，比特幣的共識規則決定了沒有人可以左右它。直白點

來說，沒有人能控制比特幣，人們唯一的選擇就是，按原樣使用它，或者不使用它。

這種不可變性，並不是說比特幣軟體無法更改，對任何能夠寫程式的人來說，改寫程式是輕而易舉的；改變的難度在於讓全網的每一個用戶都接受同樣的修改。比特幣是開源軟體，允許個人運行節點連接到比特幣網路。比特幣最初是由中本聰與已故的哈爾・芬尼和其他一些工程師合作開發出來的。任何人都可以自由下載和使用，同時對程式語言進行修改。開源屬性創造了一個自由競爭的市場，任何人都可以自由地對軟體進行修改或改進，並交給其他用戶使用。

然而，比特幣的開發者如果想讓他們寫出來的代碼被接受，最好保持原來的共識規則不變；比特幣礦工如果想獲得收益，不浪費挖礦付出的成本，最好的選擇也是遵守原有的共識規則；網路用戶如果想讓自己的交易順利結算，最好的選擇也是維持原有的共識規則不變。任何一個開發者、礦工或節點都不是比特幣不可或缺的，如果偏離了共識規則，最可能的結果就是浪費自己的資源。

因此，從這個角度看，這些共識特徵就是比特幣主權的體現，比特幣有非常強烈的現狀偏好，使改變它的供給或其他重要參數極其困難。正是由於這種穩定的均衡，比特幣的「資產」屬性才獲得了認可。

《黑天鵝》作者塔雷伯曾經提出反脆弱的概念。某種程度，比特幣就是「反脆弱性」概念的具體體現（即使塔雷伯本人並不認同比特幣）。所謂反脆弱性，是某種事物能從逆境和混亂中獲益的特性。比特幣具有強大的抗攻擊能力，所有試圖殺死比特幣的嘗試都失敗了；而且，由於這些攻擊，開發者得以發現代碼中的弱點並加以改進，從而使比特幣變得更強大。這個就是反脆弱的具體表現。

從媒體的角度看，比特幣是一種不易理解的新科技，正如同很多不易理解的新科技一樣，媒體對比特幣的報導常常不那麼準確，有時候還會完全敵視。根據 99Bitcoins 統計數據，比特幣至今由媒體、專欄發出的「訃聞」已超過四百次。許多經濟學家，甚至是諾貝爾經濟學獎得主，發現比特幣和自己的認知完全衝突，但是拒絕思考有

沒有可能錯的是自己。相反，他們因此得出結論，比特幣的存在是錯誤的，它將會很快死亡。

另一些人則堅信，比特幣是需要更多變革才能在成功的道路上繼續前進，當無法讓比特幣按照自己希望的方式進行改變時，他們得出結論：比特幣一定會死亡。這些人寫了攻擊比特幣的文章，讓比特幣引起了更多人的注意。訃聞越來越多，比特幣的算力、交易和市場價值也跟著越來越多。

很多比特幣愛好者，包括我本人在內，也是因為看到在媒體的反覆唱衰下，比特幣非但沒死，反而又活回來，才產生了深入瞭解比特幣的興趣，同時，我也終於認識到比特幣作為一種新資產的重要性。

▶ 加密貨幣 ② 狗狗幣

過去我們談起區塊鏈或是加密貨幣，總是有種神祕感，在科技面前自覺渺小，對技術不瞭解也不想瞭解。過去一段時間，特斯拉創辦人馬斯克（Elon Musk）似乎對

一個加密貨幣情有獨鍾，甚至在他的推特上寫道：「One word: Doge」。沒錯，這個聽起來像搞笑的加密貨幣就是「狗狗幣」。

跟其他看起來高大上的加密貨幣項目不同，「狗狗幣」聽起來就覺得「卡哇伊」。它的圖標是隻表情可愛的柴犬，亦為當年網路梗圖的開山始祖。其發展也很神奇，它是世界上用戶數僅次於比特幣的第二大加密貨幣，有著超過 1,200 億枚狗狗幣在流通，2021 年 1 月底的市值超過 40 億美金。它到底是怎麼走到今天的？

狗狗幣的誕生，其實是兩位創辦人的一次惡搞。Adobe 員工傑克遜・帕爾默（Jackson Palmer）是加密貨幣的愛好者，2013 年的某一天，他突發奇想，想要把區塊鏈和梗圖柴犬結合起來。於是他在社交媒體上發文：投資 Dogecoin，這就是下一個大機遇。

與此同時，IBM 的軟體工程師比利・馬庫斯（Billy Markus）一直想創造新的數字貨幣，他得知狗狗幣這個主意後，兩人一拍即合。馬庫斯在比特幣源碼的基礎上，採用萊特幣 Scrypt 算法，很快開發出狗狗幣的挖礦程序。

隨後，兩個人主要做了兩件事情，第一件是跟朋友開玩笑說自己有個這麼搞笑的加密貨幣；第二件就是沒有做其他任何有關狗狗幣的事情，沒有發布什麼白皮書，也沒有繼續維護更新狗狗幣程式碼。簡單來說，兩個人從來沒有把狗狗幣當回事。當然，現在持續在耕耘狗狗幣的人，也已經早就不是兩位創辦人了。

談起狗狗幣的發跡，它大概是最早被用來做打賞的加密貨幣。國外知名的娛樂、社交、新聞網站 Reddit 發現狗狗幣特別適合小額打賞。狗狗幣 2013 年發行價格為 0.0006 美金，轉帳也沒有手續費，於是，人們紛紛利用它打賞給分享內容的人。狗狗幣上線短短一週，便成為第二大的小費貨幣。

狗狗幣受歡迎，跟它超低的價格有關。現在，買一枚比特幣將近 4 萬美金，1 萬美金只能買 0.25 枚比特幣，卻可以買 33 萬枚狗狗幣（當然不管是比特幣或狗狗幣的幣值波動都很大，你看到文章的時候，可能價格都已經差很遠了）。低價會在心理上造成更加便宜、更加划算的假

象，這種心理偏差正是許多人（特別是經濟拮据的人）下定決心成為狗狗粉的原因。

對許多首次接觸加密貨幣的人來說，比特幣、狗狗幣其實沒什麼太大區別。但一枚比特幣可能是買一棟房的頭期款，門檻實在太高；若選擇狗狗幣，輕輕鬆鬆就能擁有幾萬枚。先不考慮是否理性，就當作是發財夢吧！便宜的狗狗幣總是更吸引人的選擇。

此外，比特幣將在 2140 年挖完所有的幣，挖礦獎勵制度終將喊停，分布全球的龐大挖礦算力就只能依賴不確定的轉帳費用維持，到底會出現什麼變化很難預測。而狗狗幣起初發行量為 1,000 億枚，每年增長 50 億枚，保持通膨率逐年下降，這個做法從根本上保障了狗狗幣礦主與礦場的永續營運，永遠都有礦機值守，運行區塊鏈。任何時候的交易都會第一時間得到記錄和確認。

固定數量的加密貨幣由於稀缺性，可能衍生出囤積居奇的心態，出現人為的通貨緊縮。然而，人類社會一直處於發展階段，經濟與商品總量都在持續成長，保持適度的

通貨膨脹，才能滿足現實社會發展的需要，同時也保持幣值的相對穩定。從這個角度看，比特幣越來越像是數位黃金，逐漸脫離了貨幣的角色，反倒是狗狗幣有發展成小額支付的可能性。

隨著擁有狗狗幣的人越來越多，使用場景也越來越豐富：不管是訂閱網路影音平台、國際支付、或預購航班等等，用狗狗幣都行得通。但更有趣的是，在慈善領域狗狗幣也很流行。比如牙買加雪橇隊曾因經費不足無法參加2014冬季奧運會，狗狗幣社區發起了「圓夢行動」，共籌到大約3萬美金的狗狗幣，幫他們踏上冬奧會會場；也曾經籌款解決肯亞水資源危機、資助賽車比賽、資助癌症患者、幫助龍捲風受災戶無家可歸的人等等。

話說回來，不論是狗狗幣或比特幣，終究會不會是個大泡沫呢？

這件事經常有人討論，不同人給出的預測也截然不同。未來沒人知道，不如回到歷史找答案。

不知道你有沒有看過 Modem？20 年前上網要用一個

撥接的黑盒子，當它「逼～逼～逼～」發出尖銳的叫聲之後，才會緩慢連線上線。但 2000 年前後全世界有上兆美金的投機資金蜂擁投入「網路科技」。許多的「.com」公司因為沒有盈利模式，拿到的資金最終只能化為烏有，當初的網路巨頭，早已不復存在。

然而資金泡沫會退去，但技術與產業生態則會存活下來。過去網路的速度可能連下載一首歌都要等個老半天，現在光是手機的無線網路速度都百倍於當年的 Modem。也因此，投機資金是否關注這個產業，是所有新興產業能否取得最終成功的先決條件。

現在的加密貨幣產業就好像是 2000 年前後的網路創世紀，它還是原始的單細胞生物，僅僅處於「存在」的階段。此時的一切看起來都像是投機與泡沫，沒有一個像樣的應用，交易的速度也很慢。但這個階段最需要的其實是細胞分裂、體量膨脹、吸收更多的資源與技術沉澱，逐漸生長成完整的生態體系。只要資金量體能夠突破兆元以上，企業才有可能順利的將實體經營與加密貨幣或區塊鏈

掛鉤，進一步加速加密貨幣產業的成熟。

很多加密貨幣創始人隨著其加密貨幣升值成為世界富豪，狗狗幣的創始人帕爾默因為僅僅持有少量狗狗幣，總價值不到 50 美金。倘若當年他能預料狗狗幣將到達今天的地位，會不會給自己多留一些？諷刺的是，當初他就是認為加密貨幣不該淪為炒作工具，才創作出狗狗幣來對照當時市場的瘋狂。

現在的狗狗幣由於持有人數眾多，也進一步向 DeFi（去中心化金融）發展，在 Ren[7] 與 OpenDAO[8] 的幫助之下，狗狗幣將以 RenDoge 的形式引入以太坊區塊鏈，用戶可以透過將 RenDoge 作為抵押品的方式，鑄造與美金掛鉤的穩定幣「DOGEO」。如此一來，狗狗幣的長期持有者，將可以在不需要賣出狗狗幣的前提下，就能夠參與 DeFi 的項目，創造出更好的收益。

「生命會找到自己的出路」，一個因為可愛而受人們

---

7 Ren 是資產跨鏈開源協議，目的在於促進不同公鏈之間資產的相互操作性以及流動性。
8 OpenDAO 協議類似於 Synthetix 的標記方式，將現實資產引入 DeFi 領域。

喜愛的加密貨幣，即使不像比特幣般享有數位黃金的稱號，依然可以找到它能生存的生態位。

▶ 加密貨幣③NFT

2007 年 5 月 1 日，有位數位藝術家邁克·溫克爾曼（Mike Winkelmann，又名 Beeple）開始在網路上發表新作，之後的 13 年半，每一天都上傳一幅新的數位作品，並取名為《每一天》。2021 年，Beeple 將這批獨立作品組合成《每一天：前 5000 天》，形成一張巨幅數位拼貼，第一眼看上去密密麻麻，彷彿整張圖被打了馬賽克一樣。2021 年 3 月，全球頂級拍賣公司佳士得在網上為這件作品舉辦了首次的數位藝術品拍賣，為什麼這次拍賣特別引人關注呢？

首先，Beeple 的《每一天：前 5000 天》是佳士得首次拍賣純數位藝術作品，同時這幅作品最終的成交價格達到了驚人的 6,928 萬美金，創下了數位藝術品交易的新紀錄，也讓 Beeple「躋身當代最有價值的前三大藝術家」。

另外，本次的拍賣首次利用能有效保證藝術品真偽的「非同質化代幣（NFT）」形式推出，也是首次同時接受標準付款方式和加密貨幣（以太幣）的藝術品。

那麼，NFT 到底是什麼呢？它的全稱是 Non-Fungible Token，翻譯過來是「非同質化代幣」。NFT 包含了兩個部分：區塊鏈 Token 代幣和連結的內容。Token「代幣」這個概念講起來比較專業，你可以把它簡單地理解成一種簽名或證書，只在區塊鏈系統中發行和使用，用來代表著你擁有的某一種資產或權益；內容就是那張圖，或是影片、音樂。不論 Token 或連結內容（圖片、影片、音樂……）兩者都是數位形式的。

NFT 特殊的地方在於，它是非同質化的，也就是說，每張「證書」都不一樣，不能分割也不能交換。舉例來說，這就好像是明星的簽名，每張專輯上的簽名都不完全一樣，你也不能拿它直接交換。

《TIME》雜誌認為，NFT 正在撼動整個藝術品市場，主要原因如下：

1. NFT 創造了稀缺性，而稀缺性就帶來了收藏價值

　　一旦一件藝術品有了唯一的「原版」，那人們就會對它產生擁有和收藏的慾望。擁有獨一無二的東西，本身就有足夠的吸引力。透過 NFT 買到作品的「由創作者所認證的所有權」或「冠名權」。部分內容也許全世界的人都可以分享，甚至下載，但是只有擁有這個 NFT 的人，可以說「我擁有這件作品」，而且這件事情無法偽造。就好比一張版畫，發行了 300 張，每一張都有藝術家的親筆簽名，同時有序號，這種獨特性一定會吸引人高價收購。

2. 人們為數位商品付費的習慣已經成熟了

　　譬如說音樂，過去被刻錄在 CD 上，但現在上網就能收聽，你並沒有拿到任何實體。數位世代相信，比起傳統看得見、摸得著或感覺可用（STFU）的實物，虛擬商品或加密資產才是更好的投資。如今遊戲裡有很多「課金」玩家（就是會花真金白銀購買虛擬裝備的人），數位世代已習慣虛擬資產，因此對於購買虛擬的數位藝術品，心理障礙也就更小。

3. NFT 藝術品背後可能的獲利空間

　　對於 NFT 的火速爆紅，連《TIME》也想親自體驗。《TIME》宣布推出三款經典雜誌封面的 NFT 進行拍賣，一款是 1966 年經典封面《上帝死了嗎？》，一款是 2017 年川普上任後的封面《真相死了嗎？》，還有一款，是他們為了這次拍賣專門設計的新封面《法幣死了嗎？》。

　　除了投資價值之外，NFT 也革新了傳統藝術領域數百年來的交易模式。長久以來，藝術家出售作品只能賺到一次錢，如果作品再次轉手，哪怕在拍賣會上拍出天價，也和藝術家本人沒什麼關係。NFT 的出現，改變了這個局面。大多數 NFT 作品被二次出售時，藝術家可以持續從中獲得收益。多數 NFT 交易平台，都可以讓創作者自行設定版稅的比率（或預設 10% 版稅）。假如藝術家以 2 枚以太幣（ETH）出售了自己的 NFT 作品，未來這件作品以 10 枚以太幣再次轉手時，那麼這位藝術家就可以再獲得 1 枚以太幣，這在傳統的藝術品銷售中是無法實現的。

有了這些特性，NFT 技術一出現，就受到了數位藝術家的關注。過去，數位藝術作品在網路上被大量複製和傳播，成為 NFT 之後，作品加入了藝術家的數字簽名，並利用區塊鏈技術防止篡改和偽造，搖身一變，成了獨一無二的「原版」。這樣一來，數位藝術品就有資格像傳統藝術品一樣，進入藝術的殿堂了。在過去的世界裡，創作者銷售作品，必須限制內容的使用權；而現在，創作者分享作品是開放內容的使用權，而且鼓勵大家持續分享。

　　然而，擁有 NFT 就是擁有藝術品的所有權嗎？《果殼》律師的文章表示，目前眾說紛紜，但他認為購買 NFT 擁有的是數位藝術或數位資產「所有權的紀錄」，而非「藝術作品本身的所有權」。《果殼》認為購買 NFT 所取得的權利，「其實是『數位資產的冠名權』，你可以隨時對外界證明，這個 NFT 所表彰的數位資產，是由 NFT 擁有者來冠名，讓各界知道，在這個 NFT 藝術品旁邊，有 NFT 擁有者的名字。」同時，購買 NFT，並不會買到任何著作財產權。著作權跟所有權不同，藝術家從作品完成那一瞬間就取得著作權，即使藝術家將所有權賣

出，或者原作毀損了，也不影響藝術家對其作品著作權的享有。

當然，就我自己參與藝術市場的經驗來看，藝術家為了維護自己的藝術生命與聲譽，都會愛惜羽毛，將已經鑄造成 NFT 的藝術品，再重新鑄造一枚的機率非常低。因此，即使你沒買到「所有權」，但是你擁有的「所有權紀錄」或「冠名權」實務上很接近「所有權」本身。

在未來的應用上，NFT 可以是一幅畫，一首歌，一段影片，或是一張照片。在這個領域，NFT 等於是將每個東西都做了登記，可以彰顯其獨一無二，幫助識別。其次，也可以用來作為記錄和身分識別使用。例如，出生證明、駕照、學歷證書等等。利用數位形式進行保存，可以防止被濫用或篡改。最後，一些實體資產，包含房地產也可以用 NFT 來表示。

目前，除了 NFT 專用的交易平台以外，幣安、火幣等中心化數位貨幣交易所也已經開始布局 NFT 項目。不過我實際操作 NFT 交易後，發現鏈上操作沒有這麼友

善直覺，交易 NFT 資產的技術門檻較高。此外，現在的 NFT 主要是基於以太坊網路進行發行、交易和移轉，但以太坊網路壅堵，而且手續費高。交易方式對傳統藝術收藏家來說，接受度恐怕也不高。舉例來說，當我們在鏈上想要對一件作品出價時，不論藝術家接受與否，買家都必須先支付手續費。如果你出價的藝術家不接受（或是沒反應），重新出價，還需要另外再支付手續費；線上拍賣的模式更糟，每次出價都需要支付一次手續費，而且無法退還，最後你可能付了很多次手續費，但什麼也沒拿到。

不容否認，隨著 2021 年 3 月開始的 NFT 熱潮，也出現了泡沫化的現象，各種濫竽充數的作品充斥在交易平台上，有些作品可能還比不上國小美術班的作業。這種狀況就像剛開始有網路時，人人都想為自己的店開個網站一樣，似乎只要有一個網站，街邊小店也能瞬間成為科技飆股。但其實這是不可能的，時間是泡沫的最大敵人，隨著市場發展，人們對 NFT 認知更加充分，泡沫便會消失。最後，以藝術品來說，也將只會有最好的藝術品能夠產生

交易，也只有非常少數的藝術家能從 NFT 賺到錢，就跟實體世界的藝術市場一模一樣。

◢ 比特幣是「無限期存在的邪教」

美國諾貝爾經濟學獎得主克魯曼（Paul Krugman）曾推文說，他已放棄對比特幣「即將死亡」的預測，並且將比特幣投資比喻為「無限期存在的邪教」。他之所以對加密貨幣持懷疑態度，是因為他認為加密貨幣存在兩大缺失，也就是「交易成本過高」及「缺乏約束」。他認為比特幣根本是個「傳銷騙局」，但不會馬上崩潰，而且比特幣並不創新，它從 2009 年就已經出現，當時似乎沒有人發現它有任何好的合法用途。

《商業內幕》報導，克魯曼向來不看好比特幣，但也不得不承認比特幣將持續流傳。克魯曼過去曾警告亞洲發生金融危機的風險，爾後亞洲 1997 年爆發金融風暴印證了他的判斷，因而聲名鵲起。2008 年，因為在總體經濟學和新貿易理論上的貢獻，獲頒諾貝爾經濟學獎。那

麼，我們該如何解讀克魯曼的看法呢？

▶ 比特幣泡沫化的那一天

　　「後疫情」時代，各國央行擴大市場流動性，也就是開啟大印鈔模式，讓全球主要國家的股市，在經過了 2020 年的反彈上漲之後，2021 年春天同樣高歌猛進。這個兇猛的漲勢何時會休息，美股（尤其是科技股）是否存在泡沫，可能是很多投資人關心的重點。另一方面，以比特幣為首的加密貨幣市場，同樣在 2021 年取得驚人的漲幅，比特幣市值在 2 月份正式突破了 1 兆美金，超越了騰訊、特斯拉、臉書，下一步就是挑戰 Google。整體加密貨幣市值來到 1.7 兆美金，在還不見明確的市場運用及獲利模式之前，加密貨幣市場是否真如末日博士——魯比尼 [9] 所說，是個巨大的泡沫？泡沫是否存在可以辨識的特

9　紐約大學經濟學教授魯比尼（Nouriel Roubini）曾準確預測 2008 年金融海嘯，被稱為「末日博士」。

徵，以便我們有機會逃離？若加密貨幣真的泡沫化，又會發生什麼影響呢？

　　尤金・法馬在 2014 年以「有效市場假說（Efficient Markets Hypothesis）」獲得諾貝爾獎，他不認為市場存在一種東西叫泡沫。在他得獎的演說中，法馬將「泡沫」定義為「一種預示著可預測性暴跌的非理性價格暴漲」。然而投機性市場本身並不具有可預測性，換句話說，他認為當時沒有足夠堅實的證據表明泡沫存在。

　　因此，與法馬同一年獲獎的行為金融學者羅伯・席勒有不同的想法。他眼中的泡沫是：價格增長的消息以一種心理感染的方式激發投資者熱情。

　　心理感染使得投資者「相信」價格會上漲，也使得他們進一步覺得追逐泡沫是理性的，這也符合我們一般對「泡沫」的想像。提到「泡沫」，我們腦海中出現的畫面是：肥皂泡泡不斷脹大，最後突然破滅的畫面。然而席勒教授提醒，投機性泡沫不會那麼輕易破滅，它們可能會在一定程度上縮小，然後隨著消息的改變，再次膨脹。

歷史上每一次泡沫的破裂，都為無數投資人帶來巨大損失和痛苦記憶。我們可以回顧泡沫的歷史，以便從中體會群眾的盲目、投資的風險和市場的瘋狂。簡化來看，人類歷史上的泡沫可以分成「技術進步」與「金融商品」兩大類。橋水基金的創辦人瑞‧達利歐，在《債務危機》提到，在他研究各國債務危機時，他發現了泡沫可能的特徵。這些明確的特徵可能包含以下這幾種情境：

1. 相對於傳統標準來看，資產價格偏高。
2. 市場預期目前的高價會繼續快速上升。
3. 普遍存在看漲情緒。
4. 利用高槓桿融資買進資產。
5. 買家提前很長時間買入（例如增加庫存、簽訂供應合同等），目的在投機或應對未來價格上漲的影響。
6. 新買家（之前未參與市場者）進入市場。
7. 刺激性貨幣政策進一步助長泡沫（而緊縮性貨幣政策會導致泡沫破裂）。

技術進步所造成的典型泡沫，大家可能會聯想到網路科技的「.com」泡沫，但其實更早之前，英國人於 1825 年鋪設了世界上第一條鐵路。恰好當時英國正經歷工業革命，鐵路和物流的發展大大刺激了煤礦、鐵礦等原物料，以及鋼鐵、紡織品等的運輸與銷售，所以英國很多人都深信——「鐵路是英國給世界的禮物」，因此鐵路會是最安全、報酬率最高的投資，資金的過度追捧與投入，最終導致泡沫破裂。

至於金融商品的泡沫化，相信大家都不陌生，美國次級房貸造成的風暴，席捲全球，見證了新興金融商品泡沫化的破壞力。

我們從幾個泡沫常見的指標，看看加密貨幣是否存在泡沫？

1. 內在價值

理論上，一項資產的合理價格取決於某些基本面因素，這些因素決定了該資產的內在價值，舉例來說，巴菲

特最愛的股票：可口可樂。它是擁有家喻戶曉的傳奇性品牌，這就為公司未來的長期成長奠定了基礎。更重要的是——額度可觀、表現穩定的股息。可口可樂股息豐厚，而且擁有半個多世紀持續配發和不斷增發的歷史，被投資界譽為「股息之王」。但加密貨幣看不到，摸不著，因此許多人堅信「比特幣不存在內在價值」。

然而，全球有許多銀行體系不健全的國家，民眾亟須更安心的儲藏方式，對他們來說，比特幣確實具有龐大價值。例如有名的比特幣海灘——位於薩爾瓦多的海濱小鎮，每天都有人使用比特幣購買民生用品、供水供電，甚至資助教育獎學金、青年計畫、基礎建設、交通運輸等等。日前，薩爾瓦多還成為全球第一個承認比特幣為法定貨幣的國家。

2. 漲漲漲

較小的資產價格上漲屬於正常波動，不足以貼上「泡沫」標籤。然而，到什麼程度才算是大的波動呢？舉例來說，某棟房子經專家計算價值是 100 萬美金，如果它賣到

110 萬美金，能被視作房產泡沫的表現嗎？恐怕不能。因為相對於房價本身的不確定性而言，10% 的價格偏離還沒有大到可以稱它為一個泡沫。但加密貨幣市場的漲幅呢？嗯……這點的確可能存在泡沫的可能性。

3. 長期

如果某檔股票的價格受到市場謠言影響，一週內大幅飆升 50%，之後又打回原形，通常不能稱為「泡沫」，因為這種價格上漲只是曇花一現。「長期」意味著價格在長期內始終處於高位，以至於人們誤以為資產本身具有很高的基礎價值。比特幣已經存在 12 年，確實有越來越多人認為它具有基礎價值。

如今，整個加密貨幣市場完美符合了「技術進步」與「金融商品」兩大屬性，如果存在泡沫的話，對於實體經濟的影響恐怕將會超過網路科技泡沫。畢竟科技泡沫並沒有嚴重摧毀實體經濟，原因包括兩方面：第一，經濟主體完全瞭解科技公司股票不可能屬於低風險投資，因此他

們通常不會完全依賴這些股票來償還債務，科技公司股價的巨幅下跌並不會對理性的經濟主體帶來嚴重災難；其次，科技股泡沫沒有對信貸市場造成嚴重危害，實體經濟中的其他部門並未遭遇信貸緊縮。

然而加密貨幣目前產業的重心與主流已經開始轉向DeFi（去中心化金融），許多借貸與槓桿交易都仰賴加密貨幣的抵押。加密貨幣一旦泡沫化，將不可避免的對實體經濟產生巨大傷害。

總結來看，即使我是比特幣的持有者，但評估之下，也認為比特幣確實存在泡沫的可能性。只是沒人能預估泡沫何時破滅？到底多高的位置會破滅？然而，我怎麼想的不重要，眾多散戶們的想法才重要，此時此刻，大家還處於極度「貪婪」的狀態。如同凱因斯的選美理論——投資如同選美，猜中了誰能奪得冠軍，就是中了大獎。因此，即使有潛在泡沫可能性，還是應該與泡沫同行。

但泡沫的起源多半來自寬鬆的資金，雖然我們不知道泡沫何時會破滅，但一定會知道各國央行開始緊縮貨幣政

策的訊息，同時控制好自身的財務槓桿，至少當這顆吹脹的氣球開始「消風」時，自己是做好準備的。

▶ 區塊鏈下的生活

然而，這就是加密貨幣的「終局之戰」嗎？環顧四周，是否想過自己為什麼天一黑就有電燈可開？打開電冰箱有冰冰涼涼的飲料可以喝？甚至開的車是特斯拉，每天都要在停車庫充電……，這樣的「電力生活場景」，早就是現代人習以為常的日子。

但現在 70 幾歲的長輩們，大概都經歷過鄉下地方沒有電的時代，一個村子有一支電話，或是一戶人家有一台電視，都是一件很了不起的事。

百年前，街道上首次鋪設電線是為了照明，當時沒有人能夠預見電力將徹底改變人類的生活。電力照明比天然瓦斯或煤油更加安全、明亮、乾淨。一旦基礎設施鋪設完畢，運用電力的各種產品就不斷應運而生，電冰箱、留聲機、冷氣機等，各種新科技可以滿足人類長期以來的需

求。新的發明重塑了我們的經濟和生活。

　　1975 年網際網路的概念就已經被提出。網際網路的前身主要為阿帕網，1974 年美國國防部國防高等研究計畫署（DARPA）的羅伯特‧卡恩和史丹福大學的文頓‧瑟夫開發了 TCP/IP 協定，定義了在電腦網路之間傳送資訊的方法。1998 年末，大約 50% 的美國家庭擁有電腦，而其中約一半的電腦連結網路。當年，我對網際網路最大的印象，就只有 BBS，而且因為沒有地方可以上網，甚至許多人家裡連電腦都沒有，必須去學校的電腦資訊中心。當時，若有人說：「有一天我們會用手機上網。」應該大多數人都會說你想太多了（別忘了，當時人們對手機的印象是俗稱「黑金剛」的龐然巨物）。

　　網際網路甫出現時，技術愛好者總是會聲稱：「明天」網際網路就即將來臨，一年之內世界將有重大改變。比爾‧蓋茲在《數位神經系統》寫到：這些都是胡扯，光是讓社會接納就要好幾年，而基礎設施也要費時多年建構。但是當社會和科技變遷達到臨界質量（Critial Mass），變遷就會加速而且不可回轉。如果你試圖想像

區塊鏈的未來，就不能脫離從歷史中獲得的洞見。

▶ 泡沫會消失，技術不會

泡沫總是經常且重複發生，但是最後會留下來的是技術進步，而不是「幣」，或是題材。在對一個新技術期待最高的時刻，人們往往誤以為「新技術可以取代原來的一切」，它將帶來一場顛覆世界的技術革命。但事實上，任何實際應用的系統都是由眾多技術，包含科技、商業、社會所共同組成。新技術滲透的方式往往不是一次性的革命，而是逐步漸進，它通常先用來取代一部分老技術，讓系統變得簡單。舉例來說：在第二次工業革命初期，發電機最先被應用到工廠裡，取代了地下室龐大的蒸汽機，讓更清潔、先進的電力，成為工廠新的動力源。

多年前，哈佛商學院教授克萊頓‧克里斯坦森（Clayton Christensen）提出了「破壞性創新」理論，說明若一項技術是對現有技術的改進，那麼市場中已經存在的龍頭公司，其實具有更大的優勢；但如果一項技術看起來

性能更低，卻滿足了更大用戶群的需求，它可能會在市場中推動新公司的誕生，這項新技術和新公司將會顛覆市場格局。

克里斯坦森認為，破壞性創新技術有兩種進入市場的方式：

❶ **低端市場破壞性創新**：意指當下的主流商品總體性能太高（相應的成本也更高），而低端用戶只想要其中單一性能。若有更好、價格較低的產品，便能破壞現有的市場平衡。

❷ **新市場破壞性創新**：代表這項新技術滿足了「非顧客」，可能是因為產業主流公司認為這群客戶在商業上無利可圖，所以主動忽略之。

以 2000 年當時的情境來說，「線上購物」就是低端市場和新市場破壞性創新混合形成的結果。儘管一開始的總體性能可能不佳，體驗也不好，但破壞性技術只要一面快速地改進，一面從不那麼重要的市場（低端市場／新市場）向上進攻，最終都有很大的機會可以顛覆市場主流公

司的地位。

　　從這個角度來看，作為結算平台的區塊鏈正是一種破壞性創新技術。其整體性能尚不如目前銀行等金融機構使用的系統，但在某些面向又遠遠超越。而最值得關注的是，它有著破壞性創新技術典型的技術優化曲線，而且技術優化曲線非常陡峭。作為一個價值流動的新通路，區塊鏈大幅降低了人與人之間進行價值轉移的複雜性。

　　你要轉錢，傳統銀行、街口都可以幫助你，但若要轉移其他有價值的事物，它們就沒輒了。而區塊鏈能移動的價值範圍遠遠超出了金錢，它可以是任何有價值的事物，不管是價值很小，或價值很大，藝術品、徵信數據、病歷、證書、房地產……都能透過區塊鏈完成轉移。

　　現階段，當人們要轉移現金、股票等金融資產時，現有的金融機構都能妥善處理，讓銀行端看不出區塊鏈有什麼優勢。但還是有金融機構主動接納區塊鏈或加密技術，因為不會知道在自身持續忽視的市場上，區塊鏈技術會不會有一天反咬一口。

總結來看，歷史上所有新技術都會經歷漫長的發展過程，小範圍試點然後再被廣泛地運用。歷次工業革命，包含像蒸氣機、電力、電腦是這樣，資訊科技浪潮中的大數據、雲計算、人工智能也是如此。過去，那些和產業結合緊密的技術，或是像網際網路這類與資本聯繫更緊密的技術，也都曾經歷早期的美好想像、中期的低落、重新上升的過程。而區塊鏈中的比特幣在很早期就有了價格，尤其名字中的「幣」，就讓大家直接聯想到錢。技術與產業的起伏又疊加了金融與資本，從而讓波動變得更為劇烈，也讓一般大眾更加霧裡看花。但事實上，我們只需要知道一件事──「泡沫會消失，技術不會」。

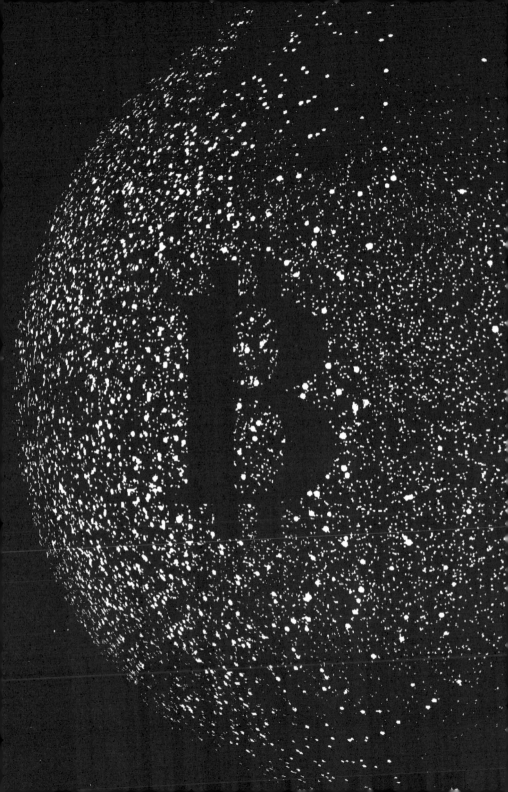

3

實作‧

走入加密貨幣的世界

加密貨幣新聞不斷,越來越多人聞風而來,
但大多數人並非對技術有興趣,
而是每天看到瘋傳的比特幣消息,手癢了。

正準備駛入投資彎道的你,
該有怎樣的起跑姿勢,才能賺到未來?

「炒股可以，炒幣不行」，世代差異如何影響投資？

　　以比特幣為首的加密貨幣在機構法人入場布局之後，投資人關注的熱度明顯升溫，比特幣市值不斷上升，超越台積電，以台幣來計算，一枚比特幣要價一百萬，可說相當驚人。

　　當然，投資比特幣的價格波動劇烈，短時間之內可能有超過 20 ～ 30% 的跌幅，對理財小白來說太過刺激。然而，我卻透過比特幣接觸到一個全新的金融世界，這個金融環境對小白投資人極為友善，不僅成本低，投資門檻也極低。即便你是剛出社會的年輕人，一個月省吃儉用只能存下 1,000 元，亦可透過這個全新的金融體系，展開投資生涯。千萬不要再說你沒錢，這是一個零錢也能投資的新世界。但是，面對一個陌生的加密貨幣市場，該如何穩健啟動你的投資生涯？

▶ 從舊資產到新資產

我看到一位金融業網友寫了一段過年期間的經歷，家族聚會時，長輩們關心他的投資，一開始他直白地跟長輩們說：「我陸陸續續買了些股票還有 ETF，目前帳面價值大概是 300 萬左右。」

「買這麼多啊？」

「要小心啊～股票都是來去一場空啊！」

「我被那個阿扁兩顆子彈害死了。」

這類話聽多了，導致後來他懶得解釋，直接改成：「我正要準備去買房，自備款大概 300 萬，房價大概 1,500 萬，大概還要貸款 1,200 萬。」

這時候長輩們的說法就不同了。

「了不起啊～很厲害，這麼年輕就要買房子了。」

「還是買房好啊！」

「我那時候也是……」

明明同樣是淨資產 300 萬，為什麼長輩們都覺得買房好，而炒股不行？

銀行針對高資產客戶開辦的說明會上（這群客戶通常有點年紀了），我常常會這樣開場：「大家可以不用上班，在平日下午來飯店參加說明會，吹冷氣，吃下午茶，顯然在過去二、三十年，做對了一些事。如果說，台灣投資理財有三寶，做了三件事就會有錢，你們猜猜看是哪三件事？」

客戶的答案很有趣，也很集中，一定會有人提到房地產，自不會漏掉股票。但最後一件事就眾說紛紜了，有人會說是基金，但其實 1992 年（李登輝當總統的年代），台灣根本不存在基金市場，國內的基金公司也只有四家老投信，產品單一，缺乏競爭力；也有人猜保險，只不過即使當時保單的預定利率很高，可惜保險觀念並不成熟，買的人太少了。一陣瞎猜之後，公布的答案往往讓人跌破眼鏡──其實是銀行存款。

理財三寶之 1. 定存

　　1990 年代，台灣銀行一年期定存利率將近 10%，只要把錢放銀行定存，根本不需要投資就能穩穩賺，專心存錢就可以了。現場的客戶都經歷過那個年代，但為什麼猜不到呢？因為現在的利率低到連 1% 都沒有了，便也遺忘了那個曾經的輝煌。

理財三寶之 2. 買房

　　相同的，為什麼大家現在會相信買房賺大錢呢？要知道從 2000 年至今，房價基本上只漲不跌。一名網友在 PTT 發文，回想小時候住在台北市光復南路巷子裡的 3 房公寓，約 22 坪上下，當時賣了約 400 多萬元，他接著計算：「過了數十年，我的歲數已和當年的爸爸差不多，然而台北市光復南路 30 年的房子，坪數單價高達 70 ～ 80 萬，22 坪就有 1,540 ～ 1,760 萬元。」他爸爸月收入不過 4 萬元，卻可以一人工作養活全家，還能還清房貸；對比現在的自己，相同年紀，差不多的月收入，只能夠養活自己。這種焦慮感，更增添了買房神話的戲劇性，但時間再

往前推進，恐怕就不是這麼一回事了。

1990 年台北市房價一路高漲，相較於 1989 年足足漲了兩倍多，讓政府不得不出手壓制，祭出貸款限縮、大幅調高土地公告現值等措施，重創了台北市的買氣；然而，這波熱錢轉往中南部蔓延，連當時的花蓮預售屋也受到台北投資客的青睞；加上新的容積率管制措施在 1995 年實施，使得建商拼命進行推案先撈一波。一窩蜂的蓋房、買房，一路來到 1997 年爆發亞洲金融風暴，房市供過於求，建商又槓桿操作過頭，1998 年包括國揚、瑞聯陸續傳出跳票；1999 年 921 大地震再度重創中部地區房市。這一波房地產的空頭走勢，直到 2003 年 SARS 之後才真正結束。

由此可知，房價不會永遠漲停板，只是過往 20 年大家嚐到了甜頭，便長出了「一定賺」的信念。

理財三寶之 3. 炒股票

許多六、七年級生到今天還不太敢碰股票的原因，很可能跟他們幼時父母的投資經驗有關。許多人都有家中父

母或親戚投資股票失利的記憶，可能是遭遇了 1997 年亞洲金融風暴、2000 年的網路科技泡沫，或 2008 年金融海嘯……種種事件，對股票形成了「首因效應」[10]，讓他們至今對「炒股」依然心存忌憚。

而房地產的十年空頭距今將近 30 年，2003 年以後的房價則是穩步上升，因而形成了「買房好，炒股不好」的刻板印象，這也是所謂的「近因效應」[11]。一般來講，對於陌生的事物，首因效應影響較大；對於熟悉的事物，近因效應影響較大。

---

10 首因效應：從最先接收的訊息形成的最初印象，並構成了頭腦中的主要印象。也就是說，第一印象對人類行為具有很強的主導作用。

11 近因效應：指的是個人在總體印象形成的過程中，新近獲得的資訊比原來獲得的資訊影響更大，也就是「最新發生的事，印象更深刻」。

▶ 世代差異影響了什麼？

　　由此可知，不同時代成長背景、觀念、文化，孕育出思考、行為模式大相逕庭的世代差異。過往經驗強化了每個人的「信念」，但這個信念是幻覺還是事實，往往要到下一個世代，用新信念開拓了自己的疆界後，才能驗證。

　　即使知名投資大師也很難不受到世代差異的影響，過去的成功反而更令他們難以接受新觀點。先前曾預言金融海嘯和 .com 泡沫、備受尊崇的橡樹資本共同創辦人霍華‧馬克斯，曾公開批評比特幣沒有內在價值，相當不看好。然而，2021 年 1 月 11 日發表的備忘錄上卻說：「過去對金融創新、市場投機行為的看法，以及向來保守的心態，導致對加密貨幣抱持懷疑態度。」

　　「這種思考模式雖協助橡樹資本和自己多次躲過麻煩，卻無法以創新的角度思考。感謝兒子對比特幣持正面看法，並為家族買進了相當數量，我會以開放的態度努力學習。」馬克斯並表示：「當比特幣在 2017 年首次廣為人知時，我非常不屑一顧，因為它沒有內在價值；但不

只是比特幣沒有內在價值，許多人們高度認同的東西都沒有。現在，我明白了當時的自己多麼無知。」看來，馬克斯父子在比特幣取得了一定程度的共識。

然而，知名貴金屬貿易商 SchiffGold 董事長彼得‧希夫跟他的兒子史賓塞‧希夫卻在推特上互相叫陣，彼得是忠實的黃金擁護者兼比特幣反對者，但他的兒子史賓塞卻熱衷於比特幣投資。老希夫在推特上寫道：「我兒子不聽我的話，剛剛買了更多比特幣。你想聽從誰的建議？一個 57 歲、經驗豐富的投資者兼企業家，並且已經從事投資業超過 30 年的人；還是一個 18 歲，從來沒工作過的大學新鮮人？」

小希夫很快就回應了爸爸的推文和調查結果，投票顯示出網友們幾乎一面倒地支持小希夫，最後拿下高達 81% 的票數。

之後，老希夫依然不放棄，在推特上說：「我兒子在幣值最後一次跌破 5 萬美金時，All in 了比特幣。現在，他的投資組合中 100％ 都是比特幣。」老希夫對年輕人的投資決策相當擔憂，他說：「如果就連我自己的兒子都

被洗腦到這種程度，請想像一下，其他的孩子該有多脆弱。我兒子還說，只要沒破產，一定會繼續HODL[12]到無極限。」老希夫甚至還撂下狠話：「我要取消他的繼承權。否則，他會把我辛苦賺來的錢浪費在更多的比特幣上。」由此可見，希夫家族的比特幣戰爭，還會持續在推特上演。

不論是台灣長輩們的「炒房可以，炒股不行」，或是老希夫的「炒黃金可以，炒幣不行」，都是從自身過去經驗所做出的判斷與建議，雖然有參考性，但完全不考慮時代環境、大格局的話，很容易陷入偏差。就好像一隻火雞，看到農場主人來了，只要繞著主人跳一支舞，即可得到食物，因此覺得農場主人是全世界最好的人；一直到了感恩節這一天，農場主人帶著火雞出了農舍，從此之後，火雞再也沒有回來過。

---

12 HODL：加密貨幣術語，意指長期持有貨幣而且不會出售。

加密貨幣如何重塑我的投資觀？

很多人會問我，為什麼要投資加密貨幣？投資的獲利當然是箇中關鍵，但更重要的是我對加密貨幣的好奇，並且相信區塊鏈技術將會改變未來 10 年、20 年的生活樣貌。這個現在很多人當作「投機」的技術，將會讓我們習以為常的一切，轉換為一個嶄新的底層操作系統。而投資效益則是隨之而來的必然結果。

但當時我也沒想到，這段投資加密貨幣的過程，竟然重塑了我的整個投資觀念。幣圈內有一句話「幣圈一天，人間一年」，加密貨幣的週期循環清晰，波動激烈，所有投資時會遇到的坑，在這裡不需要花上 10 年、20 年，幾個月之內都會經歷一次。也因此，我過去的三觀不斷被它打破，快速鍛鍊、打造出全新的投資體質。

▶ 學會長期投資的奧義

「長期投資」這個概念大家都耳熟能詳，我們在金融機構裡面，也把這句話當作金科玉律。然而，掛在嘴邊講跟實際體會長期投資是兩碼子事。我常開玩笑說，很多人是「套牢之後，才開始決定長期投資」。在幣圈，「短炒操作」跟「長期投資」更加涇渭分明，為什麼呢？因為加密貨幣的波動極大，多空轉換的時候，短炒需要無情的變臉，如果心理素質不夠，稍一遲疑，便會產生巨大虧損。另外一個虧損主因，則是「短炒」玩家大多是加了十倍以上的槓桿。

但幣圈最後會留下來的人，只有短炒跟長期投資兩端，沒有中間值。在傳統金融操作上，有所謂的區間操作、波段操作，或是投顧老師說的「高出低進」。然而，在加密貨幣操作上，套用這個思維是很危險的。

為什麼呢？首先是加密貨幣的波動性遠高於傳統金融商品。其次，過去在股票的高出低進，通常有一個基本面

可以研判，股票已經存在了近百年，知道公司的某些基本資訊將反映未來股價的表現；然而，加密貨幣儘管同樣都有基本分析，但卻沒有足夠的歷史資料可以證明分析是否有效。

那麼技術分析呢？你不妨留意在 YouTube 或是部落格撰寫加密貨幣技術分析的交易者，很難有人能長期經營下去。為什麼呢？因為實在太不準了，連猜個正確的大方向都非常困難。這絕不是因為進行加密貨幣分析的交易者比較笨，或是預測傳統股票股價的交易者比較聰明，單純是加密貨幣打臉的速度太快而已。我曾經在歷史高點賣掉一半的狗狗幣，獲利高達 100 倍，但我心中明白只是運氣好，並不是做了什麼厲害的預測分析。

因此，我被訓練成了真正的 HODLer（長期持有者），不再被短期的波動影響，當手上有資金時，不論當時價位是高或低，都會進場買一些部位。原因是什麼？除了我真的很不準之外（哈），更重要的是體認到手上的部位不夠多，即使比特幣漲到 10 萬美金又如何？能依靠

這些部位提早退休嗎？不久前，我的總投資還有 6 倍報酬率，現在只剩下 3 倍，心情亦無太多波動，因為我的部位還不夠大，比起渴望比特幣迅速飆漲，更希望它能給我多一點時間，好買進更多的單位。

▶ 一開始，我只是短炒

然而，我並不是一開始就以技術演進的角度來看待加密貨幣，和大家一樣，其實也是以投機的角度進場。2017年，比特幣有一波狂飆，但我覺得一枚比特幣就要 1 萬美金實在太貴了，於是選擇了以太幣（ETH）投入。

當時要交易加密貨幣並不容易，我註冊了 MaiCoin（數位資產交易平台），在網路下單後，需要在指定時間之內去便利商店繳款，以太幣才會匯到帳戶裡。我也搜尋了一些可以接受信用卡扣款的交易所，但服務並不穩定，有時候會原因不明地扣款失敗。更好笑的是，我可以透過信用卡購買加密貨幣，但是將加密貨幣賣掉之後的錢卻回不來，只能用信用卡刷退，或轉到自己的數位錢

包。也因此，能操作的部位不大，只能算是實驗性投資。

　　當時看著比特幣、以太幣狂飆的漲幅，自以為跟過去炒股一樣，只要看線圖就好了。很快地，達到了超過 50% 的報酬，我心想：「只打算做短炒，現在漲太多了，先出場吧！」跟著看到以太幣出現了明顯的回落，便自以為掌握到了一些「技巧」。但開心沒幾天，以太幣又開始飆漲，不論如何畫線做分析都無法解釋怎麼會漲這麼多？2018 年 1 月，以太幣突破了 1,000 美金，我又追了進去，一下子以太幣達到了歷史高點 1,400 美金。此時，我覺得不能只賺 40% 了，說不定會漲到 2,000 美金。

　　但加密貨幣真的不會照劇本演出，3 天之內，最低點就只剩 700 多美金，然後再反彈到 1,200 美金。我不想被洗掉，因此還是沒有離場。僅僅一個禮拜之後，只剩下600 美金了。這時我心想，既然輸了 40%，那就擺著吧！那時是 2 月吧！但一路走到 2018 年底，以太幣只剩下 81美金，我輸掉了 90%。

　　然而，這還不是輸最多的一次。2017 年加密貨幣市

場 ICO（Initial Coin Offering）風潮席捲，概念上類似 IPO
（Initial Public Offering）首次公開募股，只是 ICO 發行的
是加密貨幣，IPO 發行的是股票。當時有很多新團隊希望
籌集資金來創建一個新的加密貨幣，開放給有興趣的投資
人買進。每一個項目都寫了洋洋灑灑的白皮書，每一個團
隊看起來無不風生水起，其實我也搞不清楚內容，總之故
事看起來很棒，便投了一個叫 IOTA 的項目，這是一個訴
求跟傳統區塊鏈不同，更加進化的系統，希望成為物聯網
的支付體系。但在這個項目，我輸掉了 97%。

▶ 定期定額的魔力

　　以太幣我不算真的輸掉了，因為我始終沒賣；但是
IOTA 我真心認賠，只剩幾百塊美金回來，後來通通換成
以太幣。從此，我深刻理解到在傳統金融市場所學到的一
切，在幣圈能派得上用處的很少，只有一些少數真理不
會改變，比如說——定期定額。2019 年台灣 MAX 交易所
成立，終於可以簡單安全地將新台幣兌換成加密資產，定

期定額投資加密貨幣，變得很容易。面對波動不可測的市場，其實答案一直擺在那裡，只是看不上眼而已。

選擇定期定額以外，投資 IOTA 的慘敗也讓我知道，別妄想自己是股神，能夠神準投中一支狂飆幣。降低不確

◤◣ 我如何投資一籃子的加密貨幣？──

加密貨幣市場並不像股票市場，有現成的 ETF 讓懶人也可以輕鬆投資。但你可以效法 ETF 的精神，從市值排名中配置你的加密貨幣，不管幣值如何風起雲湧，只要規律、穩健操作，風浪多大都不怕。操作方式如下：

❶ 搜尋「CoinMarketCap.com」。

❷ 點選「加密貨幣＞排行」，即可看到市值排名前 100 的加密貨幣。

❸ 選擇市值前 8 大的加密貨幣，定期定額投資。

❹ 依照市值比率配置投資金額。

❺ 每 3 個月檢視一次，依照市值變化調整配置。

定最好的方式，就是效法 ETF，投資一籃子的加密貨幣。
2019 年，我開始選擇市值前 8 大的加密貨幣做定期定額
投資，同時採用市值加權，也就是計算前 8 大幣種的市
值，然後按照市值的比率來安排投資金額。舉例來說：比
特幣當時市值在這 8 支幣當中占 65%，以太幣占 15%，
其餘的占 20％，就以這個概略的比率分散去投資。同時
如果有些幣的市值跌出榜外，就賣掉跌出去的，相同的資
金買回新進榜的。仿製 ETF 的操作效果很好，過程中，
我陸續丟掉了 EOS、ETC、BCH，這些是當年的前幾大市
值，但後來被 ADA、DOT、BNB 給取代了。**我不再賭哪
一支加密貨幣有希望，反正有市場認同的幣，自然在市
值上升的過程中，會進到我的視線。**

▶ 一堂風起雲湧的投資課

2018 年加密貨幣近入熊市之後，我開始花更多心思
去瞭解加密貨幣，也很慶幸當時所投資進去的錢，只是很
小一部分。我太小看加密貨幣這個市場了，它的深度、廣

度、未來的延伸，根本看不到邊界。

我很希望能跟家人分享研究心得，2020年春節，比特幣迎來多頭行情，我想再怎麼說明，也不如讓我的侄子們實際參與加密貨幣來得有趣、深刻。因此，我用USDT[13]發這一年的紅包，請他們（最小的是國小六年級，最大的是高三）上網去數位交易所開戶，一開完戶我就打進100美金，讓他們可以任意選擇想投資的方案。由於他們是正港的理財小白，所以推薦他們用「幣安寶」，可以每天領利息；若想知道自己的投資是否增加，只要打開手機登入就可以了，慢慢培養出看盤習慣。

高一的侄子最積極，不甘於幣安寶年化6%利息，做起了短炒，而且是用十倍的槓桿，在一個BNB[14]的多頭當中，100美金迅速滾成了3,000美金，達到他不曾見過的數字。即使我再三叮囑不要做槓桿，他嘴上說好，不過我知道，他不會停手的，這是必經的過程。然後他把從國

---

13 USDT（泰達幣）是一種價值鎖定美金的數位貨幣。
14 BNB是幣安創建的加密貨幣。

小到現在的所有壓歲錢，請媽媽一併押了進去。然而，在一波空頭中，他失去全部財產，爆倉了。雖然對成年人來說，那只是一筆很小的錢，但對他而言卻是一切。

一開始我便告誡他：「在任何時候，不管多有把握，切記，不要輸光所有的賭注。」他卻踩破所有界線，失去一切，等失落了好幾天後，我才重新把等值於壓歲錢的BNB再次存入，告訴他：「你可以轉成台幣領走，也可以換成美金去領利息，或者是重新回到市場投資，但只有一個條件，不能做槓桿。」這次他說好，我相信是真的。

在我自己成長的過程中，雖然念商學院，但是時空環境讓我完全錯過了網路科技泡沫的投資啟發，甚至不知道自己正身處在一個機會崛起的時代，認識投資的起步太晚。藉由這幾個數位紅包，我希望可以讓小朋友們提前感受，在他們的世代可能發生的變局，同時也將理財與投資的種子，儘早種在他們心中，因為他們擁有投資中最稀缺的資源──「時間」，也是這群年輕人未來彎道超車的最大資本。

開通你的數位交易所

紐約證交所（NYSE）知名的交易大廳 2020 年因為疫情關閉兩個月，即便大廳關閉，金融市場透過電腦系統依然繼續正常運作，開始讓人懷疑在電腦化交易普及的今天，以交易員撮合買賣的交易大廳是否還有存在價值？

聽到交易所，我們可能會聯想到新聞畫面中擁擠的證券交易大廳，牆上整齊排列眾多大螢幕，數字接連跳動，交易員不斷比手劃腳對著耳機大吼。然而，一般投資人並不會直接到交易所，而是透過經紀商購買股票或期貨。911 之後，紐約證交所交易大廳就不再對公眾開放。幾年前，我去香港觀光，硬要去港交所看一下，但當時已經全面電子交易，交易員也不出現在大廳裡了。

至於加密貨幣交易所，不單是讓投資人下單的地方，除了提供交易撮合成交，還包含銀行、券商、交割和結算……一系列的金融服務。可以說，數位交易所在加密數

字貨幣行業中的地位，就好比巨無霸的金融控股集團在傳統金融體系中的地位。

▶ 加密貨幣交易所的誕生

中本聰對比特幣最初的起心動念是「一種點對點的電子現金」。2009 年，中本聰與密碼學專家哈爾·芬尼第一次進行的交易純粹是為了測試。第一筆確認的交易發生在 2009 年 1 月 12 日，但沒有特定的市場價值，只是讓區塊鏈確認了交易的完成。這確實符合中本聰的初衷，畢竟從現金的角度來看，重點就是確認這枚錢幣從我的口袋轉移到了你的口袋而已。

一直到了 2009 年 10 月 5 日，比特幣的價值才被定義下來，主要是參考了早期透過挖礦取得一枚比特幣所需要花費的電力成本，兌換比例是 1309.03 BTC[15] 兌換 1 美金，並由 New Liberty Standard（NLS）[16] 將這個數字發布

---

15 BTC 為比特幣（Bitcoin）的簡稱。

在 NLS 網站上。而比特幣價格第一次出現大幅上漲,是 2009 年 10 月 12 日,NLS 透過 PayPal 以 5.02 美金的價格購買了 5.050 BTC,大約是 1.010 BTC 等於 1 美金。

傑西‧李佛摩(Jesse Livermore)說:「不管什麼操作,最後都得落實在報價器上,它才是世界上最有力的宣傳工具。」當比特幣價格開始上漲之後,許多科技人、密碼學專家、投機者,無不被吸引進這個生態當中。2010 年 1 月 5 日,Bitcoin Talk 社區有位名叫「dwdollar」的網友發布貼文:「大家好,我正在做一個交易所。我有個大計劃,但還有很多工作要做。這將是一個真正的交易市場,人們將能夠彼此買賣比特幣。在接下來的幾週內,我應該會搭一個基本框架的網站,敬請期待。」幾個月後,2010 年 3 月 17 日,BitcoinMarket.com 上線了。在這裡,人們可以透過 PayPal 來交換 BTC 和美金。

---

16 NLS 網站主要是使用 PayPal 提供比特幣的買賣服務,這應該就是最原始的加密貨幣交易所。

但隨著比特幣價格持續上漲，PayPal 上的詐騙也多了起來，最終導致 PayPal 官方宣布禁止進行比特幣交易，交易所只能尋找其他選擇。在 BitcoinMarket 上線後的幾個月內，其他交易所也陸續上線了，其中最引人注目的是 2010 年 7 月上線的 Mt.Gox（暱稱：門頭溝）。

Mt.Gox 網站本來的前身是卡牌遊戲「魔法風雲會」同好們的線上買賣交易平台，由傑德·麥卡萊布（Jed McCaleb）所創設，命名源於魔法風雲會英文名稱（Magic: The Gathering Online eXchange）的首字母簡寫。麥卡萊布後來將網站轉型為比特幣交易平台，並在 2011 年將其賣給了馬克·卡佩勒斯（Mark Karpelès）。Mt.Gox 後來幾年發展迅猛，一度處理高達 75% 的比特幣交易。可惜好景不常，2014 年 2 月，Mt.Gox 在一次駭客攻擊中損失了 85 萬枚比特幣，隨後宣告破產，以今日的價格來計算，這些比特幣價值將近 493 億美金（即使在當時也不是小數目，約 4.7 億美金）。Mt.Gox 的破產，嚴重打擊持幣者的信心，比特幣開始進入熊市，全球交易所的格局也重新洗牌。

◢◣ 交易所的起源

　　整個 17 世紀，荷蘭阿姆斯特丹是金融技術發展的核心。荷蘭東印度公司成立之後，需要資金周轉的股東們，必須有個可以交易股票的場所，因而創建了阿姆斯特丹交易所，也被認為是世界上第一家股票交易所。首先，它向投資人們清晰地證明，如果購買股份，就肯定能夠出售，這種流動性極具價值；其次，人們賭博和投機的天性被充分發掘出來，變成一門生意。透過東印度公司股票的公開交易，使阿姆斯特丹交易所成為香料交易的領導者。

　　交易所的主要功能，即為提供交易流通和價格發現。交易所是交易商品、股票或衍生金融商品等金融工具的市場，它可以是實體的，如紐約證券交易所；也可以完全是數位的，例如加密貨幣交易所。

　　在股票投資人與證券交易所之間，負責撮合股票交易的中介角色，稱為證券經紀商。交易步驟簡述如下：

❶ 經紀商在營業處所由營業員接受投資人下單。

❷ 該筆資料轉給資料輸入員，再直通交易所主機

的股票撮合中心，進行成交。

　　過去大家在「號子」找營業員下單、Key 單，就是
這個過程。現在許多投資人改以網路下單，感覺像是直
通交易所，但其實還是透過證券經紀商下單。

　　交易所讓證券買賣集中化，所有交易能公平進行；
而電子交易的興起，更是大幅增進了交易效率。所以，
交易員在大廳忙碌的畫面，便僅存於歷史當中了。

　　在證券交易所進行交易買賣的公司被稱為上市公
司。還沒有辦法在證交所上市的證券或股票，一般透
過較小的公司進行 OTC 場外交易。這些公司往往規
模小，獲利差，代表著更大的風險。在台灣，我們稱
OTC 市場為「櫃檯買賣」，在櫃檯市場買賣的股票，
稱為上櫃股票。在美國，最初那些最大的股票也都在場
外進行交易，之後它們才轉移到了 Big Board，也就是
紐約證券交易所。

▶▶ 邁向去中心化———————————

隨著電子化交易的進展，現代證交所越來越趨近數位交易所，不再需要場內交易員，幾乎所有交易都可透過電腦完成。然而，前面我們所提的交易所，不論是紐約證交所或是 Mt.Gox，都屬於中心化的交易所，暗藏了人為風險、資安危機，需要透過法規及監管層層把關，盡可能確保投資人的權益。

當你將資產從錢包轉入中心化交易所的那一刻，這筆資產的實際控制權就已不在你的掌握，而是掌控在中心化交易所手中，你只擁有交易所給的憑證，表明可以提現的幣種和數量。Mt.Gox 事件並非特例，歷史上發生了多次交易所監守自盜、挪用用戶資產的事件，駭客盜取中心化交易所資產的案件亦層出不窮。無獨有偶，除了加密貨幣交易所，美國那斯達克交易所（NASDAQ）的伺服器也曾經發生駭客入侵事件，紐西蘭證券交易所甚至因為駭客攻擊，導致交易暫停。可以發現，網路資安議題其實不分新舊交易所。

然而，新聞上出現的比特幣遭竊事件，都是中心化

交易被駭的事件，並非比特幣區塊鏈遭駭，可見去中心化網路的安全性還是比較高。而「去中心化交易所」就是透過區塊鏈上的智能合約來實現交易，你的資產始終保管在自己的錢包裡，去中心化交易所只是負責交易的撮合，並不接觸你的資產。換句話說，去中心化交易所具備更高的安全性，駭客攻擊的難度也更高。

　　雖然「去中心化交易所」可以有效發揮區塊鏈信任機器的特性，然而依然不如中心化交易所受歡迎，目前不論是用戶量、交易量和流動性都還很低，交易結算時間也偏長。但隨著技術提升，使用者體驗亦會逐漸改善。一般咸認為「去中心化交易所」將是相當具有潛力的項目。

　　未來，加密貨幣交易所與傳統金融交易所能否打破藩籬，讓投資人可以一站式完成傳統金融工具與加密資產的交易？令人非常期待。

▼▲ 台灣的數位交易所————————————

　　台灣最早出現的加密貨幣買賣平台是 2014 年的
MaiCoin。一開始只有網銀匯款、ATM 轉帳等付款方
式，2017 年 MaiCoin 加入了萊爾富超商付款功能。
2018 年 MAX 交易所成立，提供幣幣交易及新台幣對
加密貨幣的交易，也是全球首家將用戶資金交由銀行信
託保管的交易所。從此，台灣加密貨幣投資人就有了一
個安全的購買管道，相較於 2017 年時，還要去超商印
繳款單、付款，著實方便太多了。

▶ 進入數位交易所

　　進入加密貨幣市場前，要先知道雖然名字中帶有「貨
幣」二字，但它的本質並非一般經濟學家所定義的「貨
幣」。相反的，更像是一種數位商品或是數位證券。加密
貨幣的價格是全球化交易，而且波動非常劇烈，每分每秒

的報價都在變動，因此交易方式和股票比較接近，須透過中間商來完成交易。在股票市場是透過證券公司；而加密貨幣則是透過數位交易所。

在台灣，主流交易所有 3 家：MAX 交易所、BitoPro 幣託、ACE 王牌交易所。當你註冊了台灣交易所的帳號，在未完成實名認證以前（Lv.1），仍無法使用新台幣買賣加密貨幣。配合《洗錢防制法》的實施，加密貨幣交易所必須進行確認客戶身分，也就是要做到實名制，像是姓名檢核、實質受益人辨識等。同時需要記錄保存，對於超過新台幣 50 萬元以上的現金交易時，要向法務部調查局申報；如果發現可疑交易，也同樣要跟法務部調查局申報。此外，業者要建立防制洗錢及打擊資恐內部控制與稽核制度，定期進行風險評估。所以，如果想要使用新台幣交易功能，必須實名制註冊完成，升級到 Lv.2 後，才能夠有新台幣入金的功能。

在台灣交易所交易有以下幾個優勢：

❶ **直接以新台幣進行交易**：對於初入幣圈的新手來說，這項功能會減少許多麻煩，不僅僅能夠用新台幣購買加密貨幣，獲利也能提領到台灣交易所再換成新台幣。

❷ **法幣資產交付信託**：舉例來說，MAX 數位交易所提供給客戶新台幣入金的帳戶，是銀行依信託契約關係特別為 MAX 入金開設的信託專戶。此帳戶的入金與提領皆須基於實際交易，並通過提供信託服務的銀行核可。因此交易所無法將這些資金拿去投資、支付公司營運費用或挪做他用，用以保護用戶資產。必須提醒的是，當你將新台幣轉換成加密貨幣之後，就不再有信託的保障了。

除了註冊國內交易所，有需要再去申請國外的交易所帳號嗎？答案是肯定的。因為國內交易所目前還是有其局限性：

❶ **交易深度不足**：交易深度是指市場在承受大額交易時，幣價不出現大幅波動的能力。我們可從交易所的「掛單量」和「價差」兩個指標來理解交易深度，掛單

量大、相鄰掛單之間的價差小，就說明交易深度好。國內在一般市場狀況交易是沒有問題的，但如果遇到市場劇烈變動，成交量大增時，則可能會出現幣價嚴重偏離市價的情況。

❷ **交易幣種受限**：現在全球加密貨幣被 CoinMarketCap 收錄的大約有 5,500 種，而台灣交易所最多只上架了 15 種加密貨幣。事實上，不論上架哪一種加密貨幣都必須負擔成本，這包含技術性、非技術性成本（例如找到配合的造市商，確保產品的流動性）。因此，交易所規模大，投資人多，才有本錢新增投資人偏好交易的加密貨幣。

❸ **欠缺 API 接口**：我們可以把 API 簡單理解成「機器與機器對話的對講機」。加密貨幣對交易機器人或程式交易的需求度高，為了確保交易的安全性及正確性，透過 API 讓機器與機器間直接對話非常重要，同時又能限制機器只能在我們授權的範圍內進行交易。但國內交易所目前尚未開通 API 接口，換句話說，我們無法透過 API 在國內交易所使用程式交易。

那麼國際上大型的交易所，比較推薦哪些呢？

　　首先就是幣安，它是目前全球交易量最大的加密貨幣交易所，有非常多「金融商品」可以選擇。依據不同的風險屬性，有類似存款概念的保守投資，也有風險較高但同樣是固定收益類型的產品可以選擇。

　　另一個我自己私心推薦的交易所是 FTX 交易所，由 Alameda Research 團隊創建，主要負責人是山姆・班克曼 - 弗里德（Sam Bankman-Fried）。在創立 Alameda 之前，班克曼是一名櫃檯交易員，因此他的起心動念，就是打造一間交易員最愛的數位交易所。FTX 擁有最豐富的衍生性產品，同時可以 24 小時交易美國股票，有靈活的高槓桿、更低的手續費與更好的交易深度。

◢◤ 我的數位交易所安全嗎？ ─────────

　　常常會有網友丟網址給我，劈頭就問：「比爾，請問這個交易所可靠嗎？」其實比起問人，更安全可靠的方式是上「CoinMarketCap.com」[17] 查證，它是最常被引用的幣價追蹤網站。2020 年 4 月，CoinMarketCap 被幣安（Binance）收購，幣安是一家全球區塊鏈公司，背後為全球最大、交易量和用戶最多的加密貨幣交易所。透過併購，CoinMarketCap 可以利用母公司的廣泛資源，以收購更深入的數據項目，減少加密行業資訊的不對稱性。

Step1 → 進入 CoinMarketCap.com

Step2 → 點擊「交易所」，就可以看到全球具規模的交易所清單。

Step3 →頁面中可以看到「現貨、衍生品、去中心化交易所（DEX）」各個頁籤，點擊後可看到交易量排名。如果發現你屬意的交易所不在名單中，請特別提高警覺。

　　網站中，可以清楚地看到各家交易所的交易量、CoinMarketCap 提供的評級。特別提醒，評級僅供參考，不能當作安全及無風險的保證。另外，投資人很關心的手續費收取方式，也會在網站有清楚的揭露。

---

17 CoinMarketCap 於 2013 年 5 月創立，迅速成長為用戶、機構法人和媒體最信任的資訊來源，經常用於比較數千種加密資產，並被 CNBC、彭博社和其他主要新聞媒體普遍引用；甚至美國政府也使用其數據進行研究報告。

▶ 下一步，搞懂股權通證

你想擁有特斯拉股票嗎？目前許多美國券商都提供了中文的網站介面，下單美股的難度越來越低。不過，當加密貨幣交易所FTX正式開通了谷歌（Google）、蘋果（Apple）、特斯拉（Tesla）、臉書（Facebook）與亞馬遜（Amazon）五種股票以及ETF SPY的「股權通證」交易，更讓我感到非常興奮。到底什麼是股權通證，它跟股票有什麼不同？加密貨幣交易所的優勢又是什麼呢？

股權通證（Tokenized Stocks）這個陌生的名詞包含兩個部分：一個是股權，一個是通證。股權（Stocks）很好理解，而通證（Token）則代表了發行在去中心化區塊鏈上的數位產權。除了用來支付、價值儲存以外，還可以在區塊鏈上代表一種資產，例如參與一個真實實體（比如說法人、機構或團體）收益，公司股份或收益的權益，或者獲得股息或利息支付的權利。

FTX交易所日前和德國合規投資公司CM-Equity以及

證券代幣化公司 Digital Assets AG 達成合作，用戶可以從 FTX 交易所直接購買熱門的美股股權通證。首批股權通證包含了熱門的特斯拉（TSLA）、蘋果電腦（AAPL）、亞馬遜（AMZN）、臉書（FB）、網飛（NFLX）、谷歌（GOOG）以及標普 500ETF（SPY）。

FTX 是如何做到的呢？首先，CM-Equity 在德國受到嚴格監管，是一家領有合法執照，可以提供股權交易的金融機構。所有想要交易股權通證的用戶都必須成為 CM-Equity 的客戶，並通過 CM-Equity 的 KYC（也就是 Know Your Customer）以及符合法令遵循的規範。此外，CM-Equity 可以監視所有交易活動的合規性，成交後將股票交由第三方保管機構保管。過程當中，將由 CM-Equity（而不是 FTX 交易所）提供股票經紀的服務。

假設你購買了一個單位的特斯拉股權通證，這個通證的背後將由 CM-Equity 所監管的特斯拉股票支持。如果需要的話，還可以使用 CM-Equity 贖回相關股票。將來，也可能還有其他方法可以從 FTX 提領股權通證。假設你在

FTX 上持有股權通證，未來這檔股票的相關權利你也都能享有，包含股息。FTX 將採取適當措施，確保 FTX 上的通證可以反映這些上市公司在市場上的動作，包含股息發放以及股票分割。但預計不會行使股票的表決權，但是 CM-Equity 可以自行決定是否行使表決權。

這時候，你可能會想問，那這個做法跟在 eToro 或者是美國券商下單，有什麼差別呢？

❶ **24 小時，全天候交易**：不論是 eToro 或是美國券商，都只能在美股開盤時交易，大約一天是 6.5 個小時。而 FTX 跟所有的加密貨幣交易所一樣，都是一天 24 小時全天候交易。若休市時出現了重大的突發事故，一般股票投資人只能等到美股開盤來因應，而全天候交易則能讓操作更加靈活。

❷ **免交易手續費**：目前只須抵押 25 FTT 幣（即 FTX 的平台幣），即可免手續費進行掛單買賣股權通證、加密貨幣現貨。

❸ **免換匯及海外匯兌費用**：投資美股時，最討厭的就是換匯（換美金）跟匯款。除了要先辦個外幣存摺帳戶，兌換時很難說會換到各家銀行最漂亮的匯率；接著還要匯款到海外券商，為了以後交易方便，此時一定要去趟銀行，將海外券商的帳戶設為「約定帳戶」，未來你才可以在網路上匯款。然後最討厭的來了——海外匯款手續費。匯費通常有低消 100 元起跳，然後還要加郵電費，各家銀行收費不同，至少 300 元跑不掉，中間還可能有中轉行跟解款行的手續費。匯一筆錢至少花上 1,500 元，若匯款金額不夠大，就非常不划算了。這也是許多小額投資人選擇用 eToro 或信用卡來出入金的原因。

然而同樣動作搬到數位交易所，就變得成本極低了。利用台灣的加密貨幣交易所（我通常使用 MAX 交易所）提領 USDT（美金穩定幣），不論金額大小，使用 TRC20 網路完全免費，只需等個 10 分鐘左右，另一個交易所就會收到。更不用說，MAX 交易所的匯率通常優於銀行牌價。而未來你想要把錢從 FTX 轉回 MAX 交易所，只要符合特定條件，也幾乎是零成本，並且不用擔心信用卡不

支援出入金手續費的問題。

　　我覺得最棒的一點，若你真是一個迷你戶，或是想小試身手做些練習，一般美股券商最低的下單門檻就是「一股」。比如 SPY ETF 一股的價格約 340 美金（新台幣 1 萬元左右）。而透過 FTX 交易，你只需要以 0.001 股為單位。入手 SPY ETF，只要新台幣 10 元起跳！別再說你沒有錢可以投資了，真的就是用零錢買美股了。

　　當然，它現在最大的缺點是，可交易的股票數量還很少；此外，某些非熱門的股權通證成交量較小，需要靠造市商補足流動性，大額投資可能會出現流動性的風險。但其實對大多數投資人來說，能買 SPY 大概就已經解決了 80% 的問題了。

　　如果這次 FTX 試驗成功，未來交易美股不需要開設外幣帳戶，不需要開立美股券商帳戶，不需要 100 股 100 股的交易（甚至不需要 1 股 1 股的交易），沒有交易時段限制，沒有交易平台出金的限制，取消匯款手續費，沒有

股權通證 VS. 網路券商比一比

	FTX 股權通證	網路券商
交易手續費	質押 25 枚 FTT,享掛單 0 手續費	0 佣金
交易單位	0.001 股	100 股或 1 股
入金	金額不限 轉帳費用依各交易所不同,最低為 0	金額不限 海外匯款手續費包含:匯費、郵電費、中轉行解款手續費
出金	質押 25 枚 FTT,每日享 0 手續費出金 1 次	匯款至海外金融機構費用為 50 美金
監管	由 CM-Equity 監視所有交易活動的合規性;CM-Equity 受德國證監會監管	受美國證監會監管
流動性	成交量較低,價格容易有滑價	流動性較佳
資金時效	透過區塊鏈在交易所間轉帳,快則 10 分鐘,交易繁忙時可能到 1～2 小時	透過 Swift 匯款,須兩天才會到帳

※ 實際規定依交易所當時公布為準。

郵電費，怎麼想都極其美好啊！

▶ 謹防詐騙手法

　　由於加密貨幣的熱度高，利用比特幣進行詐騙的案件也層出不窮，以前詐騙集團常用的手法，現在被拿來幣圈再玩一次。例如過去詐騙集團愛用的「遊戲點數」，現在變成了「加密貨幣」；過去的資金盤叫你匯現金，現在則叫你匯比特幣。不要因為多了一些聽不懂的術語（例如區塊鏈、去中心化）就被迷惑了，基本上手法是百年不變的那幾套。

　　若網路上素不相識的人跑來介紹一個最新的投資策略，只要加老師的 Line 群，老師一天就能賺 0.6％，半年後回本，然後再鼓吹你找朋友一起進來。其實不過是老套的老鼠會騙局，用加密貨幣的名號捲土重來。又或者是小哥哥或小姊姊在社群軟體上跟你聊天，招攬你跟著他交易比特幣，百分之百都是詐騙。他們會先讓你好似賺到了一點錢，再以國稅局查稅為由，要匯入稅款後才能出金，千

萬不要相信。

另外，你可能會收到自稱是交易所工作人員的通知，說明你的帳號因為 OOXX 原因涉嫌違規（或者懷疑帳號不是本人操作），為了證明你是本人，要在期限內把指定金額的加密貨幣發到某某地址，收到幣之後就會幫你審核。這跟早年接到自稱銀行的電話，告知你的帳戶涉及洗錢已經被鎖定，是完全一樣的詐騙手法。只是現在進化到手機上，並註冊跟官方帳號很像的名字，用 Line 或臉書上跟你聊天。

切記！真正的交易所員工：

❶ 不會要求你發幣到任何地址。

❷ 不會跟你要密碼。

❸ 不會跟你要簡訊驗證碼。

❹ 不會主動用通訊軟體聯繫你。

最後就是假網站。釣魚網站或釣魚郵件是駭客的愛用手法，他們會寄一封 E-mail 給你，只要點了連結，就可能會引狼入室。他可能會說你的交易帳戶有問題，需要點

擊連結來解決，讓你連上一個做得很像的假網站，一登入，駭客就可以竊取你的登入資訊。最簡單的方法是「檢查網址」，他們往往故意把網址取得很像，一定要仔細看，多一個字少一個字都不行。

　　除了網路詐騙，另外需要留意的風險還有交易安全。網路社群上很多有心人恐嚇投資人，交易所內買賣比特幣未來會被國稅局查稅（這當然是有可能），因此鼓吹透過場外交易，也就是類似「面交」的概念購買比特幣。這其實風險非常高，甚至可能涉及《洗錢防制法》。過去還曾經發生過網友面交加密貨幣，對方直接掏槍搶劫。因此不論買幣或是賣幣，都還是找有信譽的交易所比較安全。

開始第一次的加密貨幣交易

「比爾，我該怎麼開始買比特幣？」這是我最常被問到的問題。

然而，對理財小白來說，並不建議從比特幣入手。相對的，我建議先從持有「美金穩定幣」開始。為什麼呢？因為在加密貨幣交易所，例如幣安（Binance）可以選擇 7 天、14 天、30 天、90 天「類定存」的金融商品，而且還可以拿到年化報酬率 6%（6%！多麼誘人，但這個數字會隨著市場供需改變，並非永遠固定）以上的利息每日計息。當然也有「類活存」的選擇，隨時想提領都可以。相對於投資比特幣的價格波動，穩定幣與美金保持 1：1 的匯率，風險低很多。主要風險是交易所倒閉，因為並沒有任何的存款保險保護。

市場上的美金穩定幣可簡化為三種：

❶ USDT：市占率最高，交易量和發行量最大，也是最早發行的穩定幣，卻也被稱為「不透明的穩定幣」，引發越來越多爭議。USDT 發行商 Tether 因為不明原因，每幾年就搬遷一次地址，更換保管的銀行；也曾被發現私下更改網站條款，號稱以美金為擔保但實際擔保量卻沒有公開，發行機制相對不透明。但它確實是目前最方便的產品，若金額不大，評估風險可容忍，直接用 USDT 投資是最簡單的。

❷ USDC：由交易所巨頭 Coinbase 和高盛集團旗下的 Circle 公司發行，簡稱「受監管的穩定幣」。Circle 是美國受監管的金流服務商，USDC 聯盟也獲得紐約金融服務部（DFS）的許可，可以從事加密貨幣業務活動。發行公司 Circle 定期透過律師事務所公告財務狀況，以保障美金與 USDC 保持 1：1 的兌換比率。每枚 USDC 都被保證由相對應的美金作為抵押，每個月美金儲備均由知名會計公司 Grant Thornton LLP 認證，目前是全球第二活躍的穩

3 大美金穩定幣比一比

	USDT	USDC	DAI
發行機構	Tether	Circle	MakerDAO
監管	相對不透明	較透明	以演算法維持穩定
中心化程度	高	高	低
市值規模（2021.06）	625 億美金	255 億美金	51 億美金

定幣。由於 USDC 儲備金相對透明合規，所以使用上風險更低。

❸ DAI：DAI 是去中心化自治組織 MakerDAO 發行，將價格錨定在美金 1：1 的穩定幣，亦稱為「去中心化穩定幣」。與前兩種穩定幣以法幣作為儲備不同，DAI 背後並非 1：1 的法幣儲備，而是以抵押的加密貨幣（例如以太幣 ETH）當作儲備。但是加密貨幣波動很大，萬一價格大跌，無法支撐穩定幣的價值怎麼辦？因此，DAI 需要「超額抵押」，若 DAI 將 ETH 超額抵押到智能合約之後，抵押的比率大約是 1.5：1；也就是說，大約要抵押 150 美金等值的 ETH，才能兌換出 100 美金的 DAI。

為什麼我們會說投資小白非常適合在加密貨幣的世界投資呢？因為門檻極低，幣安的「幣安寶（剛剛說的類定存產品）」，甚至不需要 1 枚完整的 USDT 就可以開始存錢，也就是不到 30 元新台幣。

　　除此之外，網路投資的優勢就在簡便、快速，若你想要買賣美金穩定幣，只需要在幣安開戶取得帳號（那是一串看不懂的文字與數字），再將這個專屬於你的帳戶地址，貼到台灣交易所的網站或是 App 上，便完成了轉匯。那需要多久才能確認資金到位呢？這依區塊鏈結點驗證的情況而定，快的話大約 10 分鐘就有了；在網路非常繁忙的時候，也曾等過 1、2 個小時。

　　最後，再提一下 6% 年化報酬率從哪來。收益主要來自於交易所得的槓桿借貸，也就是幣安會將用戶存放於幣安寶的加密貨幣，拿去借貸給交易者做槓桿交易，賺取手續費與利息。運作過程中，槓桿借貸的風險由幣安承擔，用戶不需要承擔額外風險。隨著借貸投資人增加，利率會變高，當市場平淡時利率自然下滑。交易所的營運與

風險也會影響活期利率。

不論如何，找間正規交易所，先把戶頭開好（身分驗證需要一點時間），很難說何時會想要開始投資，先讓自己置身於加密貨幣的世界，感受另一種投資的可能性。

▶ 加密貨幣的稅賦疑慮

現在越來越多人開始投資加密貨幣，國際間的監管規範也日益明確。有個問題逐漸浮上檯面——交易加密貨幣要繳稅嗎？如果要繳稅，又該怎麼繳？

有看過網友說應該計入「海外所得」，這是錯誤的。那麼國稅局的見解又是如何呢？

首先，必也正名乎。類似比特幣這類屬性的「加密貨幣」，在台灣常見的名稱有數位代幣、數位貨幣、虛擬貨幣或虛擬通貨等，金融監督管理委員會在 108 年 7 月 3 日以（金管證發字第 1080321164 號釋令）函令，明定「具有證券性質的虛擬通貨之要件」。換句話說，台灣官方正式用語訂定為——「虛擬通貨」，因此接下來先以「虛擬

通貨」來描述比特幣之類的「數字貨幣」。

　　由於官方將虛擬通貨劃分為三大類，包含支付工具、數位商品與證券型，目前只有證券型代幣（STO）有主管機關（金管會），支付工具、數位商品則未定案。

　　假設你跟我一樣是個買比特幣的「韭菜」，那麼，買賣比特幣究竟該依據哪一類來課稅呢？依據《中央銀行法》第 13 條第 1 項規定：「中華民國貨幣，由本行發行之。」因此央行認為虛擬通貨在我國境內不具法償效力，充其量只是加密資產，而非貨幣。目前世界各國對於此類虛擬通貨，日本、歐盟歸類為支付工具；新加坡則定義為數位商品（勞務）。目前看國稅局的說法，比較偏向將虛擬通貨認定為「支付工具」。

1、營業稅：虛擬通貨可能維持免課營業稅

　　在營業稅的部分，若向我國境內無固定營業場所之事業購買被認定為支付工具之虛擬通貨，不在營業稅課徵範圍。換個好理解的說法，我去便利超商買麥香紅茶，屬於營業稅課徵範圍，因此超商發票上的售價已經包含了營業

稅，由於營業稅只針對「境內銷售商品或勞務」。「支付工具」交易的是媒介而非貨物或勞務，因此比較像是「美金換匯新台幣」，而買賣美金即使達到 8 萬元以上，國稅局也不會比照營業稅規定：每月銷售貨物 8 萬元或勞務 4 萬元以上、要求民眾登記稅籍。長期來說，虛擬通貨可能維持免課營業稅。

2、個人所得稅：視為「財產交易所得」課徵所得稅

針對虛擬通貨買賣人則會課徵所得稅，因台灣的虛擬通貨交易所採實名制，國稅局在查核案件時會要求平台商提供單一自然人或法人全年度交易資訊，計算其所得並課稅。但特別說明，目前平台商並未主動彙整所有交易人年度交易資訊給國稅局（現在這條魚還太小了，不值得國稅局花時間）。至於所得稅該如何計算呢？如同剛剛舉的買賣美金的案例，如果買賣過程中有匯兌交易所得，將視為「財產交易所得」[18] 類型課徵所得稅。

我們可以參考國稅局針對外匯課稅的實例說明：王

先生在 106 年間以新台幣 1,500 萬元向銀行兌購美金，辦理定期存款，於 107 年間到期，將美金本息全數結售，換回新台幣 1,575 萬元，增加了 75 萬元。這其中，屬於定期存款利息收入 30 萬元，銀行依法辦理扣繳申報，王先生也併入當年度各類所得辦理 107 年度綜合所得稅結算申報；另外 45 萬元則屬於美金買賣匯差產生之匯兌利得，王先生誤以為這筆費用不用申報，經稽徵機關以漏報該筆所得而補稅處罰。

由於各種 DeFi 或數位交易所發行的「XX 寶」，雖然形式上很像存款，可以領利息，但並非屬於稅法中儲蓄投資特別扣除額的範圍，因此如果有「利息」，並沒有 27 萬元的扣除額。

至於礦工部分，比照個人交易方式，只要虛擬通貨被

---

18 財產交易所得：以出售時之成交價額減除取得成本及相關費用後之餘額為所得額；如有匯兌損失，得自當年度財產交易所得中扣除，當年度無財產交易所得可資扣除，或扣除不足者，得自以後 3 年度之財產交易所得扣除。

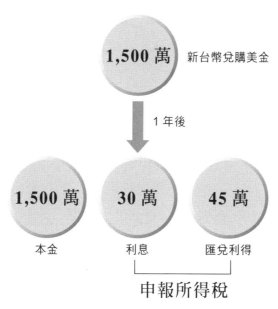

對外匯課稅實例

1,500 萬　新台幣兌購美金

1 年後

1,500 萬　30 萬　45 萬

本金　利息　匯兌利得

申報所得稅

認定為支付工具，免課營業稅，也不用登記稅籍，只要申報賣出虛擬通貨的所得即可。

另外，財政部目前已針對虛擬通貨平台商課徵營業稅、所得稅。在台灣主流的交易所，包含了 MAX 交易所、幣託 BitoPro、ACE 王牌交易所都是被課稅的對象。

最後，再說明一下證券型與數位商品虛擬通貨的定義：證券型虛擬通貨（STO），按照金管會的函令，是指具有證券性質的虛擬通貨，運用密碼學及分散式帳本技術或其他類似技術，透過數位方式儲存、交換或移轉的價值，同時具有市場流通性。這類虛擬通貨，未來會比照證券交易課稅，證交稅稅率 0.1％，證所稅目前停徵。

而數位商品虛擬通貨，則以換取發行人之商品或服務目的，性質很類似禮券。但是經濟部依據《消保法》發布的「零售業等商品（服務）禮券定型化契約應記載及不得記載事項」規定，零售業者若發行禮券，其款項必須先辦理履約保證，因此官方態度可能不會將數位商品虛擬通貨當作禮券。交易者如果是自然人，且非經常買賣虛擬通

貨，同樣屬於財產交易所得，或一時貿易所得。

加密貨幣投資策略：
G.O.D

　　投資加密貨幣的基本概念與傳統金融投資並無太大差異。然而，如果把投資股票或期貨的習慣帶進來，可能會極端苦惱，非常不習慣。首先，加密貨幣市場 24 小時全年無休，沒有所謂的開盤、收盤；它既不像台指期貨，只需要盯盤 5 個小時，也不像美股看 6.5 小時即可。如果 24 小時都在盯盤，人生大概便跟著葬送了。其次，加密貨幣市場的波動極大，前一分鐘還風平浪靜，下一分鐘可能就暴漲狂跌。伊隆・馬斯克在推特上不過放 1 枚比特幣的圖標，一個字都沒寫，就可以讓比特幣瞬間暴漲將近 20%。

　　相對的，美國財政部長葉倫發表一席「比特幣高度投機、低效率」的說法，也因此讓比特幣迎來「史上最大單日暴跌」。

面對加密貨幣的高度波動性及全天候交易市場的特性，殺進殺出肯定讓你撞得頭破血流。

我整理出 3 個市場上被普遍驗證過有效的投資法，稱為 G.O.D. 投資法，分別代表 Grid 網格交易法、HODL（取 O 的音）囤幣法，以及 DCA 平均成本法。這些方法特別適合沒有時間看盤的保守投資人，用對投資策略，便能將風險降至最低。

▶ Grid 網格交易法：低買高賣

網格交易法又有人稱之為「漁網交易」。概念上，就像漁夫捕魚時張開漁網，在漁網所及範圍內捕魚的技巧。此法來自於信息論之父——香儂。1940 年代香儂提出一個交易系統：「拿出資金的 50% 購買一檔股票，當股價上漲一定幅度便賣出，下跌則買進。但始終要保持手頭資金與股票市值的比例為 1：1。」這就是網格交易的原型，以因應股票價格的隨機走勢，因此也很適合用在波動大的加密貨幣市場，賺取波段利潤。

我們可參考下圖，假設每一格子表示 5% 的漲跌，漲即賣、跌即置，B1 買進的部位，上漲 5% 後賣出。接著價格回跌，因此接連買進了 B2、B3、B4；當價格由 B4 的位置反彈 5%，會先賣出 B4，接著再漲，再賣 B3。此時就只剩下一個 B2 的部位還在手上。

　　由於事先對投資標的設定上下目標價格，只要股價觸及這些價格，便紀律性地買進或賣出，可以降低人為判斷的干擾。

　　此時，你只需要設定網格的參數：價格上限、下限、網格數量。最簡單的方式是參考歷史最高價與最低價，假設最高價 100，最低價 50，每一格的距離設定為 5%，即為設置了 10 個格子（當然，也可以細分為 50 格，每一格的距離即縮小為 1%）。

　　啟動網格之後，系統會根據總投資金額除以網格數量，自動以預設價格開啟買賣訂單。為了鎖定利潤，網格設定的價格是高於當前市價的限價賣單，及價格低於當前市價的限價買單。當設定網格範圍內的價格波動越劇烈，獲利也越高。

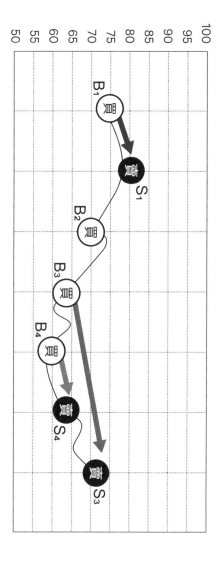

◥◣ Grid 網格交易風險分析———————

優勢

❶ 利用行情的波動在網格區間內低買高賣,可以使投資人合理控制部位。

❷ 避免追漲殺跌。下跌時,進行分批買入,上漲時,進行分批賣出。賣出價永遠高於買入,擁有較強的抗風險能力。

❸ 在橫盤波動時確保獲利,不需要預測市場走勢。

風險

❶ 萬一一路跌破最低價,會出現明顯虧損,必須要自行停損。

❷ 如果突破最高價,此時基本部位大概已經賣光了,如果這個時候有一波大多頭的話,我們的收益也就受限了。

❸ 資金使用效率可能不佳。萬一市場的波動不大,沒有明顯的上漲或下跌,我們可能有許多資金暫時閒置,無法利用。

▶ HODL 囤幣法:長抱不放

HODL 的發音類似 HOLD,就是持有的意思,也是幣圈內的「行話」。起因是 2013 年比特幣對話論壇上,一位名為 GameKyuubi 的會員發表了一篇文章「I AM HODLING」。顯然他喝醉了,文章中充斥著錯字與粗話,但不影響他想表達的觀點:「儘管比特幣才發生了嚴重下跌,但我還是要繼續持有比特幣。」

從此之後,這個拼寫錯誤的術語便在幣圈流行起來。當一個人說他正在 HODLING,就表示他相信自己持有的幣總有一天會賺到錢。「HODL」也因此有了新的意涵——Hold on for dear life(拚命持有)。

然而 HODL 會得到幸福,可能不是對所有人都適用。2015 年美國網路論壇 Reddit 上,有一名暱稱為 hubbyhelp123 的鄉民在感情版上發文,自述其老公(化名約翰)自從 2013 年認識了比特幣之後,就開始每週買幣,當年價格一度漲破 1,000 美金,約翰信心滿滿地預言「2014 年會大豐收」。只不過事與願違,2015 年比特

幣開始暴跌，最低只剩下 200 美金，損失高達 22,000 美金；然而約翰還是信心滿滿，甚至動用了兩人的旅遊基金，繼續加碼抄底。原 PO 形容老公就像是「被洗腦」，幾乎要「摧毀掉她的工作和幸福」，最後決定抽離一陣子，所以已經搬進飯店。底下留言的風向幾乎是一面倒，要她趕緊離婚。

我們不確定原 PO 最後的決定為何，但回推約翰所擁有的比特幣大約有 22 枚左右，現今市價已經高達 110 萬美金，漲幅超過 5000%。這就是 HODL 的威力。

◤◣ HODL 囤幣法風險分析──────────

優勢

❶ 掌握長波段技術紅利,隨著加密貨幣技術成熟、普及應用之後,相關幣種將產生技術紅利。如同網路普及之後,相關的網路服務公司股價均同步大漲。

❷ 避免追高殺低,將持有加密貨幣當作「存股」,在「囤幣」的過程中,還可以透過 DeFi 等新工具來創造穩定利息收益。

風險

❶ 遇見多頭牛市,沒有獲利了結,利潤轉頭空。

❷ 在空頭熊市時,需要有足夠堅強的心理素質,才能夠挺得過去。

▶ DCA 平均成本法：定期定額

提到 DCA 平均成本法，可能會覺得陌生，換一個名字大家就熟悉了──「定期定額」。透過定期購買相等數量的資產，來降低進出場點對投資績效的影響。由於加密貨幣的價格波動劇烈，很難說當下價位到底算便宜還是貴，透過平均成本法，可以降低在錯誤時間下注的風險（因為即使投資標的正確，只要時機不正確，便會讓你在過程中備受折磨）。

舉例來說，假設有 1 萬美金要投資比特幣，可將 1 萬美金分成 100 個 100 元。每天不論價格如何，都購買 100 美金的比特幣，如此一來便把價格風險平均分攤到將近 3 個月。當然，平均成本法並不能完全消除風險，只能夠大幅降低不當時機的風險。同樣地，當我們想要獲利出場，也可以將投資分成幾等份，當接近目標價即分批出售，也可以減輕不洽當時機出售的風險。

當馬克斯喊出未來要在火星使用加密貨幣的口號，你

是否也默默想著：「我才買不起比特幣呢⋯⋯」對此，LikeCoin 創辦人高重建有著不一樣的想法。他指出，很多人自以為買不起比特幣，其實是犯了用地球思考火星的錯誤，在地球（股票市場）得要備好 30 幾萬美金，方能買一檔波克夏（Berkshire Hathaway）股票；但在火星（加密貨幣市場）1 枚比特幣可以分成 1 億份，那才是真正的最小單位，稱為 Satoshi（聰）。加密貨幣雖然報價用 1 枚為單位，但不須一枚一枚交易，大可以只花 100 元買入比特幣，也不會有任何問題。

對於定期定額投資加密貨幣，高重建則認為：「來到火星，資產沒有一手或一股的概念，切得如微塵般細小都可以，這個特色與定期定額買入更是絕配。」

我在 2017 年牛市瘋狂的時期，以小金額投入以太幣，從此踏進幣圈。一開始賺到一點小錢，可是隨後下跌時，自以為聰明地去接刀，接到手斷掉，狠跌 80%。

2019 年 5 月，重整旗鼓，投資金額加大，但改以 DCA 定期定額，開始「只進不出」的投資，才慢慢走出

2018 年的低谷。

　　我從 7,000 美金開始入手比特幣，隨後漲到 12,000 美金，又再掉回 7,000 美金。而定期定額的好處，在這個過程中充分得到驗證。幣託科技執行長鄭光泰曾經表示，加密貨幣暴漲暴跌的特性，讓很多人無法抱牢賺取全波段的漲勢，不妨以「定期定額」投資法，才能不受價格暴漲暴跌走勢的影響。

◤◤ DCA 平均成本法風險分析————

優勢

❶ 分散投入的價位，同時也分散了投資的價格風險。

❷ 小金額也能投資，用小錢開啟你的第一筆加密貨幣體驗。

❸ 不受行情波動影響，分批投入，當價格出現「微笑曲線」時，相同的投入金額就能夠為你創造更好的投資收益。

風險

❶ 投入資金須有長期規劃，如果在價格下跌時剛好沒有資金可以投入，將影響投資的成效。

❷ 隨著定期定額投入的總部位變大，後來每一次的投入對平均價的影響會逐漸下降，定期定額攤平風險的能力會降低。

❸ 當價格走勢一路往牛市飛奔時，定期定額的投資績效將不如單筆投入。

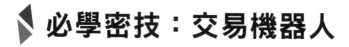

必學密技：交易機器人

前面我們所說的 G.O.D. 投資法，當中除了囤幣法你可以無腦囤以外，其餘的兩個方式（網格、DCA），若靠人工操作，自行計算價位、如何布局買賣單，對誰來說都是天方夜譚。

所幸，加密貨幣可以將投資部位切割到極小，而且交易成本低，因此非常適合利用機器人來進行一天 24 小時、全年無休的操作。接下來我將介紹兩個常使用的交易機器人：

❶ 3Commas

2017 年於愛沙尼亞成立，最著名的投資人就是 Alameda 的共同創辦人 Sam Bankman-Fried。網站可以讓使用者很輕鬆地設定交易系統，只要連結交易所的 API 後，就可以移動停損或停利，同時也可以自動執行「網格

交易」與「DCA 交易」。

　　由於是使用 API 連接交易所，API 的授權並不包含移轉資金，執行機器人交易也不需要有任何出入金的動作，故確保了資金的安全。

　　如果你對程式交易有一定的熟悉度，還可以利用 TradingView.com 網站，設定交易訊號，3Commas 可以接收 TradingView 的指示，依據你自訂的交易訊號進行買進或是賣出的動作。

❷ 派網 Pionex

　　相較於 3Commas 只是單純的軟體服務商，派網 Pionex 交易平台則是加密貨幣「經紀商」。你可以想像台股有台灣證券交易所，但一般客戶都是透過券商來下單，派網 Pionex 就是這樣的平台。

　　派網 Pionex 是一家區塊鏈交易券商，主要是為用戶聚合來自於幣安和火幣的流動性，而所有的交易也都是透過幣安、火幣這類大型交易所來完成。派網 Pionex 是由幣優孵化，獲得了中國頂級資本如高榕資本、順為資本和

真格基金等創業投資基金的投資。

　　派網 Pionex 的量化交易工具相當多,「網格交易」與「期現套利」是最多人使用的工具。它也有比 3Commas 更完整的 DCA 投資機器人,例如——「極速定投」。極速定投機器人採自動扣款,只要用戶確認錢包內有至少足夠扣款「一週」的資金就能開單。舉例來說,如果你設定每天投資 10 USDT,就必須至少有 70 USDT 才能投資;如果是設定每小時投資 10 USDT,就必須要有 1,680 USDT（10 USDT×24 小時×7 天）才能投資。投資週期非常廣泛,可以從 10 分鐘到 1 個月都有。

　　當然這兩個交易機器人都不是完美的,3Commas 的完整服務需要負擔月費或是年費,但免費版也有提供一個機器人可以使用。派網則需要從你自己的交易所轉帳到派網,入金建議在 500 USDT 以上,因為金額太小,許多機器人會無法操作。而且出金有最低金額限制,太小的金額會領不出去。但是派網並不額外收取機器人服務的費用,交易手續費則比照各交易所的費用。網路上有很多針對這兩個機器人的教程,有興趣的話可以試試看。

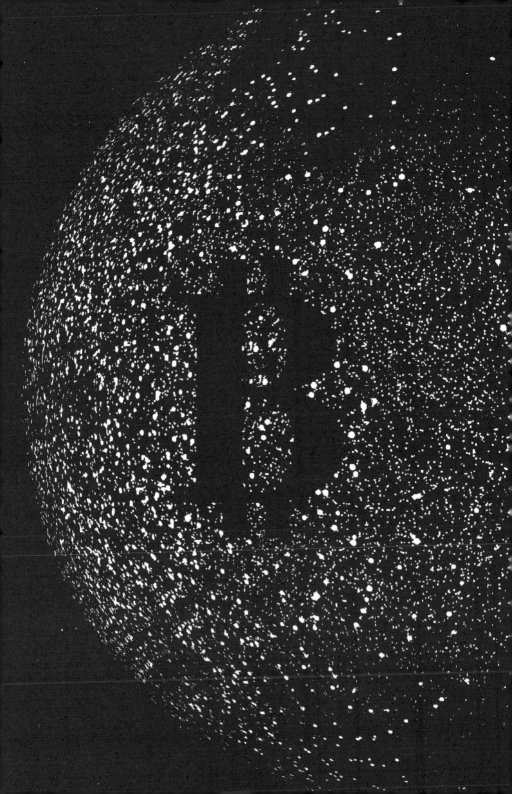

4

心態・

用對方法
實現彎道超車

瞭解加密貨幣的由來,
學會數位交易所的操作,
下一步呢?

心態是致勝王道,若把投資變成賭博,
十賭九輸,在哪一個領域都適用。

希望在未來新世界超車,
得先想通,自己為什麼要投資?

當理財小白踏入投資大門

　　許多理財的新手小白一想到要開始學投資，總是會感到手足無措，輪番上演內心小劇場：

　　「我身上也沒多少錢，等有錢再說吧！」

　　「我完全不懂投資啊！學會投資再開始。」

　　「我又不會投資，虧錢了，還被別人笑。」

　　其實不需要等到學會理財之後，才開始理財。事實上，理財的基本動作，只有三個步驟，簡單重複這幾個動作，每次逐步加深動作的難度，就能夠讓你的理財功力更上一層樓。

▶ 行動 1. 認識理財

　　為了快速建立你的理財概念，可在腦中先建立一個「水庫模型」：

❶ **建立水庫**：住在山上的你，為自己蓋了一個水庫，但因為蒸發或日常使用，儲水自然地減少，只好每天辛苦地從山下提水、加水。此外，水庫堤防不太穩固，所以每當地震、颱風來襲你都會感到憂心。

❷ **鑿建水井**：為了減緩擔憂，你心想能不能鑿個水井，讓井裡的水自然流進水庫，就可以輕鬆一點了。

這個水庫模型當中，每天提水就是你的工作收入，水庫耗水代表你的日常支出，水井相當你的投資。如果有一天，水井自動流入水庫的水量，等同於耗水量時，就是「財富自由」了。

注意到了嗎？財富自由須從「被動收入」與「支出」兩個面向組合實現，因此 F.I.R.E.（Financial Independence, Retire Early）運動的推行者，並非強調要有巨額存款，而是要過簡約節制的生活。而水庫堤防就是你的保障，因為生活難免會遭遇意外或疾病，萬一沒做好財務準備，就像水庫堤防有很多破洞一樣，瞬間水庫就會崩塌了。

我也常被問到：「理財與投資有什麼差別？」從水庫模型中可看到，完整的水庫系統就是理財，而水井則是投資，水井只是整個水庫系統中的一環。在認識理財的過程當中，可以先從收入的角度開始，思考如何增加財富；也可以從支出的角度來檢視，能否存下更多錢。不管是哪一個角度，都需要先鎖定一個目標，全力去實踐，一段時間之後，若遇到瓶頸一時無法突破，不妨換一個路線再繼續努力。

▶ 行動 2. 完成簡單的理財動作

理解了水庫模型後，你決定立刻動手挖一個水井，該怎麼做呢？

在投資市場，你必須先開戶。若選擇加密貨幣，得先開好數位交易所的戶頭。接下來呢？「一枚以太幣相當於我兩個月的薪水，萬一賠了怎麼辦？」如果你有這個哀嚎的話，就表示這兩個月的薪水額度的曝險部位，已經超過你風險承擔的範圍。別忘了，加密貨幣可以分割到極小單

位，因此務必在你可以接受的損失額度內進行投資；也就是這筆錢即使全部損失掉，也不會影響你的生活為限。

我非常推薦大家使用「2% 原則」與「6% 原則」。也就是設定交易的損失在你總資金的 2% 以內。例如你所有可以投資的總投資部位，包含你的股票、基金等有 50 萬，那麼「2% 原則」就是告訴你，交易的虧損額度是 1 萬元。因此，你購買加密貨幣的額度就是 1 萬（是的，我確實是假設你會賠光這全部的錢）。而「6% 原則」則是告訴你，如果你投資的過程中出現連續的虧損，你或許會試著再加碼嘗試，但最多不應該超過你總投資部位的 6%，也就是 3 萬。

除了用小金額開始試單外，也可以思考如何增加收入。諾貝爾和平獎得獎者、小微金融發起人穆罕默德・尤努斯（Muhammad Yunus）說：「每一個人都是企業家。當人類還是穴居動物時，人人都是自雇職業者……自己尋找食物，自己養活自己。」

工業化讓我們忘記自己原本是企業家，但隨著斜槓青年的覺醒，也漸漸改變了這個狀況。英國 Bankrate 的數

據顯示，平均每 4 個千禧一代當中，就有 1 人有副業或主業之外的斜槓身分；而 25% 的千禧一代表示，副業每月帶來至少 500 美金的收入。然而，斜槓並不是要求你成為最辛苦的忙碌者，更意味著身兼許多不同的任務，讓你從工作中獲得滿足和前進的動力。斜槓生活的美好在於「選擇權」在你手上，日復一日提水上山的路途中，不妨花點時間想想，自己的這口井該怎麼挖？

▶ 行動 3. 明確理財偏好，精準學習

　　Dcard 上有一名台南女學生，大四就存到了 100 萬。她不住家裡，也沒跟父母拿錢，靠著打工、獎學金，還有省錢計畫，順利存到人生第一桶金。她過人的毅力和執行力，讓我忍不住羨慕。然而，順著貼文往下方看留言時，卻發現網友們並不關心原 PO 如何完成夢想，反而充斥著各種酸，例如：「我認識一個有在賣的女同學，她已經存了 200 多萬了！」「那是乾爹不是男友吧！」

　　你可以關上學習的窗口，選擇懷疑或是否定她；也可

以選擇相信，從她的分享中找到借鑑之處，為你自己留一扇求知的門。

「我相信悲觀，我毫無所得，我相信樂觀，我的世界打開了。」——《羅輯思維》羅振宇

投資工具種類繁多，可以找尋最適合自己的深入研究。多數人覺得買股票才是投資，但若你的風險屬性低，還是可以選擇債券型基金。相對的，當你想研究債券型基金時，若在討論區上發問，免不了又是一陣酸：

「基金公司管理費收這麼多，冤大頭嗎？」

「隨便一根漲停板就 10% 了，怎麼會想做債券基金？」

此時，比起向酸民發問，不如去閱讀相關書籍，或找專業部落格格主、臉書粉專請教，才能有效率地掌握一門特定的學問。

那麼下一個問題就是：應該花多少精神在投資上呢？

對理財小白來說，經濟基礎並不穩固，口袋掏出來

的就那麼點錢，遠遠不足以靠著投資一夕致富；反過來說，我們最重要的資產就是自己！若能理解這一點，便是真正掌握了彎道超車的精髓。

假設你的月薪 3 萬，手邊有 10 萬可做投資，定存利率 1%，不妨可以這樣看：

＝年薪 **360,000** ÷12 個月
我的身價
月薪 30,000 元

＝ **100,000** 元 ×1%
閒置金額

兩個數字一比就很明確，36 萬和 10 萬哪一個更值得你花時間呢？誰都會選擇把精力投資在價值 36 萬的自己身上吧。把 10 萬當成學費，透過實戰找到自己的理財偏好，針對性地加強相關知識，不是為了賺錢而盲從和跟風，而是刻意培養技能。

總結來看，在人生的不同階段，思考「什麼是理財」的時候，每個階段的重心也會不同。因此，每個階段你必須去實驗與大膽嘗試，從四大區塊「工作收入」、「投資／副業收入」、「支出」、「風險保障」，找到你的需求去深入學習。

　　接下來 3 個篇章，將帶領你探索，鑿開專屬於你的那口水井。

第 1 步：你「為什麼」要投資？

　　「當然是為了賺錢啊！」這是你的答案嗎？我經常在各地演講，絕大多數的場次是銀行教育訓練或客戶理財講座，這類聽眾大多對投資有興趣，講起投資自然輕鬆容易；然而，偶爾我也會被企業邀請去做員工理財講座，這種演講難度則高很多，不管台上講得多起勁，他們的眼神似乎都在告訴我：「你說的都沒錯，但投資都是有錢人在做的事啦。」

　　我們討論理財的時候，常會附帶提到一個詞——「財務自由」，大家同時會把它自動轉化成一個問題：「我需要有多少錢，才能實現財務自由？」此外，再加上「提早退休」四個字。只是一連串討論下來，「財務自由」一詞除了帶給我們更多焦慮以外，無法激勵我們做任何改變。於是我進一步追問：

「那你為什麼要賺更多錢呢？」

「為了過更好的生活啊！」

「為什麼你要過更好的生活呢？」

「大家都想要過好的生活啊！不是嗎？」

當我不斷地問下去，突然發現，許多人想要投資賺錢是因為：「大家」都想要有錢，「大家」都認為有錢生活就更輕鬆，「大家」都不想朝九晚五。這些答案是大家的答案。重點來了，「你」的答案是什麼？

最近，我終於成功鼓動了一位朋友開始學投資，我告訴他：「公司不會照顧你一輩子，政府不會養你，唯一能相信的就只有自己。」比起各種理財書催促他「如何做」投資，「做什麼」投資，都不如幫自己找到「為什麼」做投資來得重要。那些員工講座裡對投資無感的年輕同事們，他們欠缺的其實都不是錢，而是一個「為什麼」的理由。

因此，我想通了一件事，許多人遲遲不願意改變行為，踏不出投資的第一步，往往是因為被公司照顧著，

被家裡照顧著，即使窮，日子也過得去，偶爾還有小確幸。換句話說，他們尚未找到自己「關心的人」、「在乎的事」。

許多年輕女性第一次興起「該開始投資了」的念頭，通常是在有了小嬰兒之後。為什麼？因為想給孩子一個幸福的未來，她的「為什麼」來自於有了想要關心照顧的對象；單身男子則可能因為想買名車把妹，而開始嘗試投資理財，理財這件事也讓他有了自信。我自己呢？賺錢本身就是我的興趣，可以沉浸在金融世界當中，分析、決策、行動與最後的驗證，還能從投資中學習，天底下就是有這種好事。

▶ 白日夢帶動了經濟成長

曾有一篇文章在社群上引爆討論，大意是說，他鄰居月薪有 25 萬，雖然能夠有些小小的奢侈，譬如說喝星巴克不眨眼，或出門只搭計程車等等。但月薪 25 萬有 25 萬的辛苦，月薪 3 萬也有同樣的辛苦，「對於快樂與否的感

受度」差別其實不大。最終，只有你再也不用賺錢，也能以自己熱愛的方式生活；或是能無後顧之憂地做自己喜歡的事情，才是真正的奢侈。換句話說，似乎 25 萬與 3 萬的差異不大，重點是能夠找到自己的快樂。乍聽之下，似乎有點白日夢的味道。月薪 3 萬，會有一天累積出跟月薪 25 萬一樣的資產嗎？

　　我們的老祖先們天生愛做白日夢，這不是一天、兩天，過去這一萬多年來都是如此。講個四千多年前的一個白日夢故事，西元前 2100 多年，在卓罕這個城市（現今的中亞地區）裡的一位會計人員，在一塊陶土板上以楔形文字記載著一群牛在十年期間的生長情況，並在牛群數量呈現指數生長的前提下，算出了可以獲得相應牛奶與起司的數量。陶土板上面也計算了所產出食物的經濟價值，使用單位則是古代近東地區的銀幣。他假設沒有任何牛隻死亡並且配對成功，每年都可以生出一頭小公牛或母牛。只要十年時間，原先的兩頭牛便會壯大成一整個牛群。
　　幾千年前，在卓罕的這位老祖先，就可以利用數學工

具計算出來抽象幾何成長模型；同時這也是一套投資模型，因為獲利的最後一行，他將整個流程所有的成果都轉換成了當時的銀幣。從金融觀點來看，這位祖先就是在寫一份類似投資的獲利成長模型，其中，牛隻就是投資，而乳製品的銷售量則代表了年度獲利。

為什麼我們的祖先們會需要設計這樣一套模型呢？他在一個理想情境下做出了假設，例如牛隻不會死亡，價格不會變動，小牛出生的數量也都一如預期，看起來像極了業務的完美話術，可以用來鼓動一戶人家一次買下兩頭牛，並且好好照顧他們。而且卓罕的老祖先所設計的「業務計畫」也體現了對成長與變動的預期，不僅是對牛隻本身，也包含了牛群供養的對象，隨著牛隻不斷增加，他們所能供養的人口也隨之增加。

從兩頭牛開始，花十年的時間，可以得到一整群的牛，這塊陶土板蘊含了時間本身是有價值的概念，無疑是抽象金融思維的驚人展示。透過統計與想像，他給了人們一個夢，而這個夢引領了人們辛勤工作，積攢出十年後的財富。

▶ 複利是一碗雞湯

25 萬與 3 萬的故事，讓我們看到人生有各種的不公平，出生的家庭背景不公平，天生的智商才能不公平，簡單來說，有些人就是天生運氣好。唯一公平的是「時間」，時間帶來的「複利」——也就是利滾利，大牛生小牛，小牛再生小牛，是每個人都可能擁有的機會。

假設 25 萬月薪小張或 3 萬月薪小王都能存下薪水的三分之一（分別是 8.3 萬與 1 萬），但小張忙得只能放定存，利息為 1%；而小王找到一個 20% 年化報酬率的投資工具，20 年之後，他們兩人的財富分別會是 2,201 萬以及 2,240 萬，月薪 3 萬的小王順利實現超車了。

當然真實世界中，不會有長時間指數級成長，真實世界裡的成長軌跡，比較像一條 S 型曲線，如同數學家所說的「邏輯函數」。一開始，成長曲線平緩上升，過了一個時間點，成長頓時加速，這條線變得陡峭；再過一陣子，成長會漸漸趨緩，曲線再度停滯。

邏輯函數

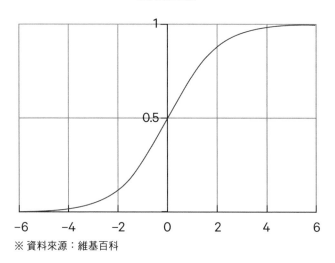

※ 資料來源：維基百科

　　如果你跟我一樣，希望有天能賺到 25 萬月薪，你需要的是尋找投資機會，只不過千萬別建構在虛幻的複利身上，想要錢滾錢必須下功夫，並且嘗試冒險。然而，**抓緊一支飆股實在太難，我們能做的是掌握一個產業或是大趨勢**。舉例來說，2009 年台灣房地產市場開始出現明顯加溫的徵兆，當時若要賺到錢，就得勇敢去借錢貸款買房子。

當然，房地產的時代過去了（我覺得啦！至少不像十年前那麼好賺），接下來，**我注意到區塊鏈技術，將會改變未來的許多面向**，而且這個生態正在野蠻生長，種種亂象之下蘊藏著無窮的機會，想要彎道超車便不能不開始關注，深入瞭解。

第 2 步：找到人生的「痛點」和「爽點」

　　我羨慕在 25 歲就能存到一桶金的人，不論那一桶是全家桶還是乖乖桶，也不管他們多有錢或金額有多大。我羨慕的是他們一定在更早之前就發現什麼是人生的「痛點」。在沒有「痛點」的人生中，可以順遂地過活，平安喜樂，無病無痛，但絕對稱不上精采。

　　我常常遺憾自己太晚才發現人生的「痛點」，25 歲之前只有當兵存了點錢，然後當上證券公司的營業員，勤懇地跑業務，可是沒有真正賺到錢；另一個角度想，我們大多數人都過著「幸福」的日子，生活頂多只有一些不方便、一些討厭的地方，但不痛，因此，我們便這樣一天過著一天。

　　「痛點」是產品開發人員常用的詞彙，要做出成功的

產品就需要解決痛點。但痛點又是什麼呢？不同的人有不同的說法，但我特別認同梁寧的解釋——痛點是恐懼。找到每一個人的恐懼，這個痛點就會讓人們毫不猶豫地把錢花下去。

很多人對痛點的誤解是「不適、不方便、不愉快，會生氣、會難過、會沮喪、會煩惱」，但這些其實只是「不爽」。一個產品若僅能解決一些不爽，而不能讓人用了之後感覺「好爽」，也無法破除他的「恐懼」，這款產品爆紅的機率恐怕不高。

如果一個產品讓你「好爽」，同時又讓你「恐懼」，哪怕大排長龍也會去把它買回家。2021 年初，台灣產物保險公司推出「防疫險」，只要被衛生機關要求強制隔離，就可以獲得理賠。保費 500 元，理賠竟有 10 萬元，有 200 倍，啊！好爽！而且部立桃園醫院封院，會不會重演 SARS 危機？台灣防疫會不會破功？哎呀！好恐懼。「又爽又恐懼」之下，便引爆了 150 萬張保單的天量。

▶ 賺到錢的人，都在面對自己的恐懼

如果把人想像成一部手機，那麼情緒即是一個人的底層操作系統，我們後天所學的理性知識（包含投資理財），可以把它想成安裝在操作系統上的一個個 App。看似我們使用 App 完成每一項任務，但真正驅動我們的卻是內在感受。

小有名氣的財經 YouTuber 李勛出了一本書，論述自己如何在 25 歲存到 100 萬。開篇第一個故事就提到——「我這麼努力存錢、賺錢，還有另外一個原因，那就是我的『不自信』。我出生於彰化，到了台北讀書後，有一種進到大觀園的感覺，身旁的每個朋友都穿得光鮮亮麗，他們來自世界各地，又同時極具才華，這讓我感到非常的自卑。我的穿搭不行、樣貌平凡、課業普通，而在拍片的技術上也並沒有特別突出。」自卑、害怕孤獨，是他最大的恐懼。因為這個恐懼，他開始把握身邊的每一分錢，金錢帶給他安全感。

我在 26 歲之前當然也想賺錢，但跟大多數人一樣，

好像很認真卻沒賺到什麼錢。26歲這一年，我生了一場怪病，當時覺得自己得了絕症，第一次發現離生命的終點竟然如此接近。後來，幸運地恢復了健康，但在那之後，原本不做夢的體質變了。所有我記得的夢，都是「時間來不及」的夢，場景可能是考場，只剩下十分鐘，背面卻還有一整頁的題目沒寫；或是，再十分鐘考試就要開始，但我還在公車上，距離考場好遠好遠。時間成了我最大的恐懼，必須在有限的時間之內，加速實現人生的各種夢想，累積足夠的錢。28歲開始，我的財富才有了飛躍式的成長。

《有錢人與你的差距不只是錢》一書當中也提到了億萬富豪的十大工作動機，前三項是什麼呢？

1. 脫貧：許多白手起家的億萬富豪，最初的從商動機不外乎脫離貧窮。印度鄉下的連續創業家簡恩（Naveen Jain）說：「噢，天啊！我只是想要擺脫貧窮，在人生中做些有益的事情。」他鮮明地記得：「我母親完全不識字，但在我的記憶裡，她對我的教育非常嚴格……她就是

這樣嚴肅的表達對我們的愛，她深知教育是脫貧的唯一方式。」

2. 自由：全球最大汽車零組件供應商麥格納國際創辦人斯特羅納克（Frank Stronach）成長於戰後的奧地利，年輕時曾挨餓過，他表示：「我那時只想工作以免於飢餓和獲得自由，這樣我就不必趴在地上說『遵命』。我的動機是永遠不想再挨餓了，我想當自由的人。」

3. 生存：擁有澳洲最大食品處理及連鎖餐飲業的柯溫（Jack Cowin）指出：「當你開始一項事業，首要之務在於生存，這是至高無上的動機……創業之初要做的一切就是存活，日後你將為此感到自豪。」貧窮、挨餓、生存，這就是億萬富豪們的痛點，直面你的痛點，面對你的恐懼，才會真正賺到錢。

▶ 樂在其中才能引領成功

好的產品除了恐懼，還要「爽」。比如說CandyCrash，一直刷都刷不過，突然來了一顆特殊糖果，一下子炸掉了好幾排，過關了，好爽！單純的消除遊戲，透過聲光效果的刺激，一下子紅遍全世界；或者是在媒體上引發抨擊的「鮭魚之亂」，一開始我也不太理解，為什麼有人會為了一頓免費壽司去改名字，後來想想，其實很簡單，就是爽。我敢改名你不敢，爽！連續吃好幾天不要錢的壽司，爽！揪團帶朋友去吃到飽還賺錢，就是爽！只不過因為「邊際效用遞減」，爽度會逐漸減低，最後不再有特別的感覺，也就無法激勵你持續往目標前進。

對億萬富豪來說，在競爭中擊敗對手，獲勝會帶來極大的滿足感。石油大王洛克菲勒為了擊敗競爭對手，只要能勝利，沒有不能用的手段，例如削價競爭，賠到與競爭對手兩敗俱傷也在所不惜；或是威脅利誘，甚至行賄，只

為了截斷對方的重要資源供應。在他寫給兒子的第 38 封信中提到：「後退就是投降！後退就將淪為奴隸！」商業環境本來就十分殘酷，這些億萬富豪帶著戰爭的心情面對競爭，隨著事業越大，挑戰也就越大，這種積小勝為大勝的爽感，就是激勵他們不斷往前的動力。

滿足感促使一個企業家不論遇到怎樣難以征服的勁敵，也無法動搖他競爭的決心。恐懼則是另一種動力，甚至比愉悅與滿足感的威力更強大。有時候，你看到一個人兢兢業業，完全忽略自我的身體感受和家庭體驗，一切以這件事為核心，徹底忘我。他是因為愉悅嗎？很多時候是因為恐懼。

若你對賺錢這件事，既沒有體驗到爽感，也不會因為失去而感到恐懼，基本上很難脫離泥沼。所以，真心想在投資的世界賺到大錢，請先找到自己的「爽點」和「痛點」吧！

第 3 步：找到投資的聖杯

　　很久之前，我還在寫程式交易的時候，經常在討論區看到類似討論：如何尋找投資的聖杯？

　　白話一點講，大家想知道有沒有一個神奇的市場密技，透過重複相同的模式便能發大財。經過一段時間的嘗試，單就程式交易而言，答案是否定的，沒有一支程式可以完美覆蓋各種變化的市場情境。某些能夠掌握波段行情的程式，遇到市場狹幅震盪時，就會遭遇「多空雙巴」[20]，而且很難判斷盤整的時間有多長，程式便無用武之地。從另一個角度看，某些能夠在震盪區間走勢中獲利的程式，則會在長波段行情過早出場，導致獲利不如預期。

---

20 意即上漲時做多就跌，下跌後做空又漲，來回兩次都虧損，就像被打兩次耳光一樣。

既然聖杯不存在，我們還討論什麼呢？我想說的是，就程式交易的角度，或許一支完美的程式並不存在，但如果從更廣義的面向看，聖杯則確實存在。

▶ 聖杯之一：遵循自己獨特的方法

關於聖杯有一個有趣的神話，據說上帝和撒旦在天堂進行一場戰爭，保持中立的天使們把聖杯放在兩者中間，久而久之，這塊停戰區變成了一片廢墟。神話學家約瑟夫‧坎貝爾認為這片廢墟象徵著大部分人所過的生活，我們通常隨波逐流，做著別人說該做的事，欠缺尋找自我的勇氣，把日子過成廢墟；而發現聖杯則代表了找到逃離廢墟之路，自由地過上自己選擇的生活，並且實現靈魂最大的潛能。

許多人相信投資市場存在某種神奇的攻略，而且只有少數人知道這些密技，也正是這些為數不多的人從市場中賺了大錢。因此，這些信徒為了致富，堅持不懈地尋找獲利攻略，可是沒有人知道神祕的「香格里拉」藏在哪

兒，尋找的路線往往與祕境背道而馳。走錯路並非有人刻意誤導，相反的，他們是被自身的渴望引入歧途，這從他們常提的問題中可見端倪：

「我現在買什麼才會賺？」

「我手上有 XX 幣，你覺得它們會漲嗎？」

「我現在到底該不該進場？」

他們喜歡不斷向旁人徵求建議（甚至包括鄰居或同事），而不是透過思考設計出適合自己的投資方法；並且有一種強烈的渴望，希望自己每次下單都會賺錢，因此相信有一套「正確」的選股法則，每次進場都十拿九穩。然而，真正的財富往往是經由審慎的買賣來實現，其中包含了停損的設計，以及忍受上漲時急於獲利了結的心情。

《金融怪傑》作者傑克・史瓦格採訪了大量的市場奇才，發現所有成功的交易員都具備了一個最重要的特點——找到了適合自己的系統或方法。人云亦云的散戶雖可能在一波牛市中獲利，但總的來說，大多時間是虧錢的；相反的，擁有一套邏輯清楚的操作方法，並且持續行

動的投資人，賺錢的機率通常很高。

　　思考並設計一套適合自己的投資系統，遵循自己獨特的方法，是尋找聖杯的第一步。

　　以我自己為例，在投資過程中逐漸意識到：我並不習慣當一個價值投資者，價值投資者的奧義，對我來說並不適用；相對的，我喜歡順勢交易，也就是趨勢投資者，操作動能投資，在上漲的過程中持續加碼，但許多人無法克服追高的心理障礙，我的方法對他們並不適用。

▶ 聖杯之二：瞭解人性的弱點

　　那什麼是「適合自己的投資方案」呢？

　　成功投資書籍大多給的不是什麼投資法，而是「瞭解人性」，也有人說是「行為金融學」。是人就會有人性，但「人性」往往是致富之道上的磕絆，舉例來說，大多數成功的專業投資人是透過嚴格控制風險獲利，但一般人看好一個標的時，往往會傾向於重押，唯有意識到自我控制的重要性，才能做出有悖人性的選擇；此外，

你以為成功投資人下注的準確度很高，經過統計，實際上只有 35% ～ 50% 的勝率，之所以成功並非每次都押中對的股票，而是因為賺錢的部位遠遠大於賠錢。巴菲特有云：「在別人恐懼的時候貪婪。」便是透過瞭解人性而致富的經典明證，做別人不敢做的事，在別人瞻前顧後時買進，耐心等待正確的投資機會。

瞭解人性的弱點，掌握自我控制的能力，便是尋找聖杯的第二步。如果你願意持續練習，對抗人性的貪婪跟恐懼，距離找到投資聖杯也不會太遠了。

▶ 聖杯之三：長期穩定進行規律交易

接著，我們從另一個角度來討論成功交易的關鍵要素：投資心理、資金管理及交易系統。大多數人都強調交易系統，而忽視了其他兩個領域。但事實上投資心理才是最重要的要素（大概占 60%），其次是資金管理，也就是投資部位的控管（大概占 30%），而交易系統是最不重要的（只占約 10%）。沒聽錯，即使你單單「Buy and

Hold」，買了前十大市值的加密貨幣擺著，時間久了也是會賺到錢，根本不需要來回折騰。

有些人只需要兩條均線便能賺錢，一條 20 日均線 EMA，一條 60 日均線 EMA，當 20EMA 由下往上穿過 60EMA 就買進，相反的情況則賣出。這個交易系統簡單到不行，執行應該沒有難度。但過程中，我們可能偶然聽到隔壁同事說了些小道消息，便沒有按照規則進出，成為傷害系統的起因。怎麼說呢？若因此賠錢倒還好，下次你便會乖乖照規則持續操作，強化系統的長遠運作；要是賺錢了呢？可能使你對系統失去信心，開始不按牌理出牌，導致系統崩潰。

進一步來看，當你每一次買賣加密貨幣，有時候是聽了某些專家大老的建議，有時候是上論壇去看網友討論，如此一來，你所接收到的強化效果並非單一的刺激來源，學習過程將變得更複雜，在彼此無法驗證的情況下，不但無法從中得到訓練，還會陷於危險的混亂之中。

市場上有太多的變數，萬一道聽塗說之下還能賺到錢，這種經驗可能會反客為主，讓交易變得很像賭博，久而久之，不管買賣的是加密貨幣、股票，或是債券，都只會離投資聖杯越來越遠。**掌握聖杯的最後一步，也是最困難的一步，就是規律交易，不要輕易破壞原則**，便能一步步邁向屬於你的香格里拉。

◣ 不靠運氣，靠勝率

　　我搭高鐵的時候，看到隔壁座位的年輕男生拿著一本書，書名吸引了我的目光——《祕密》。那是熱銷十幾年的經典之作，全書討論了一件事：「吸引力法則」。當你處在某種心理狀態中，會不自覺地帶你去尋找符合自身狀態的環境和事物，正能量會帶來好運氣，負能量則會帶來壞運氣。

　　換句話說，**正向的心理狀態能讓你心想事成，想要的都會來到你身邊**。具體方法則是靠想像，持續不斷、信心堅定地想像。這也是人們常說的「向宇宙下訂單」。

　　首先，你可以先洗個熱水澡，讓心情放鬆，然後開始想像自己渴望的那樣東西，比如一台特斯拉，可以想想特斯拉 Model S 是什麼顏色，得到這台車後會是什麼樣的生活，越仔細越好。你必須「堅信」自己能夠得到，向宇宙發願，用想像把它吸引過來；接著，想像已經得到了特斯

拉，並且向宇宙表示感謝；過一段時間，特斯拉便會來到你身邊。

好，我看到你翻白眼了，吸引力法則到底有用沒用，暫時先不討論，但是我們身邊很多人或多或少相信著類似的東西。舉例來說，剛當上證券營業員的時候，前輩們跟我說：「你現在沒有客戶，做業務會很辛苦，所以要把『夢想』具體化，例如賺到獎金以後，想四處去玩，那就把想去的景點圖片剪成海報；或是想買房子，就把心目中的夢幻之屋放在電腦桌面上，天天看。」透過這些具體的激勵，正向加強動力，越來越拚命賺錢。

▶ 美夢成真的祕訣

然而，心理學家透過實驗發現，「正能量」的想像非但沒有幫助，還可能帶來「副作用」。他們將一群正準備考試的學生分成了三組，其中一組是正能量組，每天花幾分鐘時間想像自己已經準備好考試了，並幻想通過測驗後要如何去慶祝；第二組則是每天花幾分鐘想像自己在哪裡

準備考試，讀哪些科目；第三組則是對照組，完全不做想像，該怎麼準備就怎麼準備。考試結果出爐，正能量組的成績最差，同時他們準備的時間也最少；成績最好的是第二組，他們每天想像自己如何準備考試，發揮了自我提示的效果，促使自己花更多時間去備考；第三組的成績則介於中間。

由此可證，「白日夢」能否成真，和你怎麼做夢有關。如果只想像最終美好的大結局，得到的自我暗示會是：我已經得到，不需要再努力了；相反的，不想結果，而去想像「過程」，把每一個細節想得清清楚楚，就有可能美夢成真。

因此，光是想像自己靠投資已經財富自由的「結果」，不但對你沒有幫助，反而有副作用。因為你既然這麼厲害，自然不需要研究公司的基本面，也不需要風險控管，All in 就可以了；但若是每天花一點時間，想像自己如何「一步步」邁向財富自由，少喝一杯星巴克，多看一本理財書，從一個小動作開始前進。

▶ 靠運氣，不如找到高勝率系統

我們知道單做白日夢沒有用，但又有多少人空等著運氣降臨，期待好事從天而降。我們都知道「運氣」和「機率」息息相關，機率極高、每個人都能拿到的好處，不會被稱之為「好運」。然而同樣是極低機率才會碰到的事件，算是運氣「好」或「不好」，卻有很大的解讀偏差。

例如有一位網友曾在《爆怨公社》貼出自己於火鍋店拿到的發票，竟然和特別獎 1000 萬獎金只差最後一號，或許就是後面排隊的那位阿伯中獎了，遇上機率這麼低的事件，網友紛紛說他運氣不好；但同樣是機率極低的事件，重大災難中出現了少數倖存者，我們卻會說他是「大難不死，必有後福」。從機率來說，兩者都是極少數的狀態，一個卻被認為是壞運氣、另一個則是好運氣。

加密貨幣交易所的出現，提升了交易量和加密貨幣的能見度，大大加速了產業的發展。因此傳統金融領域的工具也紛紛被引入，甚至由於監管較為寬鬆，玩法還更

多。就像有的人會交易加密貨幣「合約」，相當於期貨的概念，而一般期貨的槓桿倍數是固定的，但是加密貨幣合約可以操作的槓桿倍數卻很靈活，從不帶槓桿到百倍槓桿都有。因此，賭徒性格在這個市場中被充分點燃，大家都願意賭一把，相信自己就是那個好運的人。

然而「十賭九輸」這句話是有道理的，用賭博心態在加密貨幣市場當中殺進殺出，機率是公平的，好運氣很快就會煙消雲散。

當我們投資加密貨幣時，有些人看到一次性的輸贏，投資高手卻是看到一個系統的機率。只要一個系統合理，長期來看，就會贏。早些年，台灣還沒有真正脫貧的年代，當時有些家長們本身沒讀什麼書，一心一意要讓小孩多念書，後來果真孩子們學業有成，出社會有好工作，順利讓家裡的環境好轉。有人稱之為「歹竹出好筍」，但其實是投資在教育系統上，而且這個系統的勝率極高。

換個角度想，當你選擇幾隻主流幣來 HODL，有錢時

或低點時就多買一些，一來降低了單幣投資的風險，二來透過長時間持有分散價格波動風險，三來不短進短出，降低了交易成本。當你選擇了一個勝率高的系統，幸運之神自然會站在你這邊。

加密貨幣避險法門：資產配置

　　資產配置這件事情講起來簡單，但做起來卻很難。吳軍博士的專欄「信息論 40 講」，讓我對資產配置得到了新的啟發。

▶ 不要重視錢而輕視信息

　　這句話和台灣人股市俚語 ——「千線萬線不如電話線」有著異曲同工之妙。舉例來說，1944 年盟軍要從英國穿越英吉利海峽，試圖在法國登陸，展開反攻。這件事不是什麼祕密，因此德軍在法國沿岸布置了嚴密工事，等著盟軍來送死。但是德軍在法國前線的部隊數量只有不到 60 師，相較於對岸盟軍 300 多個師來說，少得可憐，因此面對漫長的海岸線，德軍只能重點布防。

當然，兩軍在情報戰上都花了很多心思，例如盟軍曾派遣美軍主力的巴頓將軍帶領一支比實際登陸部隊還要大的掩護部隊，在加萊對岸的多佛做登陸演訓，但是真正的登陸目標卻是 300 多公里遠的諾曼第。盟軍的欺敵戰術成功了嗎？據說前線兩位主將是信了，但希特勒不信。總之，雖然盟軍在諾曼第登陸成功，但這場戰役卻創下了盟軍在單一戰役中陣亡人數最高的紀錄，只能說是慘勝。

　　假設一個黑盒子中有 A 與 B 兩種可能性，出現的機率相等，要確定是 A 或 B，我們需要的信息量就是一位元。盟軍會不會在加萊登陸，也是非 A 即 B，為什麼即使盟軍騙過了德軍，依舊損失慘重呢？因為德軍採用了信息論中一種非常好的對策——不把雞蛋放在同一個籃子中——他們在諾曼第也嚴密設防了。因此德軍得到消息的前後，策略差異不大，這一位元的信息作用就不大了。

　　作為對比，回到西元前 260 年秦國與趙國的長平之戰。這場戰爭的結果是趙國慘敗，45 萬趙軍全數陣亡，再也無力阻止秦國統一六國。長平之戰的轉折點是趙國讓

從未帶過兵的趙括取代了名將廉頗。趙括的驕傲自大眾人皆知，原本與趙國對壘的秦將是王齕，而非威震天下的武安君白起。趙括自以為勝券在握，輕率地帶領 45 萬大軍，精銳全出。然而，他並不知道秦國已悄悄陣前換將，改由白起應戰。

正因為秦國十分瞭解趙括的習性，嚴密防止「換將」資訊外流，方能大敗趙軍。要是趙括知道對戰的是白起，想必不敢貿然出戰，秦軍要一口氣殲滅 45 萬大軍，並不容易。

▶ 誤判信息的巨大損失

從信息論的角度，同樣是誤判，為什麼德軍的損失要比趙括小很多呢？第二個筆記重點就是「**誤判方向所導致的損失函數差異巨大**」。這裡講的損失函數被稱為庫爾貝勒交叉熵（K-L divergence，K-L 散度），用以計算信息誤判時的損失。

如果德軍預判盟軍登陸機率是「加萊 7：諾曼第

3」，但後來盟軍是從諾曼第登陸，德軍的損失便是 0.49 個位元；趙括對秦軍主將的預判是「王齕 10：白起 0」，偏偏秦軍的主將正好是白起，計算出來的交叉熵損失函數是多少呢？答案是「無限大」。

沒錯，如果孤注一擲，而且還猜錯，就是這個結果。由此可知，趙括大敗的主因即為「信息缺失」，預判完全錯誤以外，還沒有做任何的預防措施。

從這兩個故事可以理解，當猜測與真實情境完全一致時，不會有任何損失；但只要猜錯了，錯越大，損失也就越大。

▶ 資產配置是為了避免損失

那究竟我是怎麼看資產配置呢？先前我常在社群上看到有老師常常叫大家「歐印（All in）」，從信息論可知，如果猜錯了，這樣的損失將非常巨大，而且無法彌補。然而，另一類投資人非常謹慎，患得患失，過分防範各種可能性是否也會造成損失呢？從損失函數可證實的確會有損

失，沒有根據的隨意猜測，雖然比「歐印」損失少，但其實成本也是很高的。

那到底該怎麼做才好呢？這要說到資產配置的重點概念——「資產配置是為了避免損失，而非創造收益。」

資產配置無法創造額外收益，也不能讓你穩穩地賺，唯一的功能就是減少損失。因此，許多人不斷尋找最佳配置，試圖將損失降為零。但實務上來說，不管如何回測或修正模型，資產配置只能減少損失。除非你完全猜對，只是這機率少之又少。

所以身為投資人，千萬不要以為完成資產配置，遇到股災也能毫髮無傷；更不要因為做了資產配置還賠錢，便完全不管配置，導致無可挽回的重大損失。真正的最佳化配置，是避免無意義的過度分散，使得成本浪費。

▶ 投資大盤，永遠是最佳策略

回到加密貨幣的投資上，市面上競品多如繁星，要怎麼找到「下一個比特幣」？這就好像在問「下一檔台積電

是誰」一樣，每個人都想問，卻沒人知道。

　　若我們追逐過去績效最好的加密貨幣團隊，或是明星項目經理人，通常是最差的投資策略。假設我們把資質好、管理好的團隊當成是有才能的人，天才般的好團隊同樣很少，所以公司未來的獲利表現，很大程度會遵循80／20法則。而且，眼下賺錢的加密貨幣團隊未必是最有才能的團隊，可能只是運氣好到爆。

　　不管是做哪一種投資，財報顯示的好成績都是「過去」，不管過去是怎麼優秀，未來還是得持續受到運氣的考驗。

　　那麼若你不想賭運氣，該怎麼做呢？

　　與其問下一個竄紅幣在哪，不如投資「一個指數」、「一個大盤」，這幾年股市很紅的 ETF 就是這個概念，永遠都投資在市場資優生的前 50 名、前 100 名身上。

　　將這個邏輯轉換到加密貨幣上，不需要糾結投哪一枚幣，而是去投一個產業。在這個日益茁壯的產業裡，最好的投資方式就是去買一個大盤。當某支加密貨幣還很

小，占指數的成分低，此時你投資的部位就小；當團隊的運氣好，獲利增加、幣價拉提、規模變大，投資部位自然放大；萬一團隊運氣真的很差，市值不斷縮小，指數自會告訴你：可以把這枚幣移出投資組合了。即使最後它成了壁紙，也與你無關。

雖然加密貨幣目前並不像股市，有現成的指數型 ETF 供人買賣，但我會依據各幣市值自組一個投資組合，購買前 8 大加密貨幣，每 3 個月對照市值比例，再做加減碼。即使不是買在最低市值，仍會是安穩的選擇。

如何在彎道取勝？

　　在傳統金融領域，大家應該看過不少存股高手，例如網路上人稱「兆豐王」的劉大俠，或是「樂活大叔」施昇輝，存股的概念早已耳熟能詳，這些人都是從十幾年前便開始了人生的存股計畫，他們堅持了 10 年、15 年才開花結果。

　　我一直思考，十幾年前他們到底經歷了什麼？讓他們願意抱著股票不放（當時還沒有存股這個名詞）。當時許多菜籃族同樣投入股票市場，為什麼存股大叔成功了，菜籃族們還繼續在券商看盤撿菜？

▶ 制定人生戰略

　　投資理財的地雷不少，但最後我想談這個影響最為關鍵的誤區，那些達成人生財富目標的贏家，背後其實有一

個大家忽略的重點：制定人生戰略。

　　理財是來服務你的人生，欠缺清晰的人生戰略，做出來的理財規劃注定失敗。就好像一艘沒有舵的船，必定會迷失在汪洋大海之中。這也是為什麼許多人想投資賺大錢，但是跟著人云亦云地操作，往往下場便是不了了之。

　　若我已經五、六十歲了，還需要人生戰略嗎？這個答案是肯定的。不管你現在幾歲，都需要為自己擬訂人生戰略，並且隨著年紀增長，約莫 5 ～ 10 年得調整一次。決定人生戰略後，接下來便是訂定年度目標，例如每一年要投入多少本金，創造出多少利潤的投資組合，列出明確計畫，實際執行後還要追蹤進度。如果不如預期，得找出原因並想辦法改善。

▶ 我的財富彎道

我在 2025 年之前的人生戰略——是將理財教育的影響力從金融從業人員，輻射擴散到一般大眾。追蹤的目標則包含了臉書追蹤人數、YouTube 訂閱人數、Podcast 收聽人數等。加密貨幣不僅作為我重要的資產配置，也是我實現人生戰略目標的核心工具。此外，我要再一次強調，投資工具應該要為你的人生服務，不要為了投資搞壞跟家人的關係，或是干擾日常作息，影響健康。

我並非最早進入幣圈的人，也算不上操作神準。但是「幣圈一天，人間一年」，加密貨幣讓我在財富彎道實現超車，重點不僅僅在於高波動與高報酬，而是實際操作之下，讓我發現過去的投資迷思。在券商一邊整理剛剛市場買來的菜，一邊看盤的阿姨可能會說：「我十幾年前也

有買台積電啊！當時一股才 50 塊。」她有想著財富自由嗎？她的理財行為與人生戰略一致嗎？有設定計畫並實際執行嗎？恐怕是沒有。

十年後回頭看比特幣，或許難以預測是另一支台積電、還是宏達電？但宏達電的殞落並不影響智慧型手持裝置產業的爆發。因此，即便投資市場的變數一如既往地跌宕起伏，但是掌握金融變局，把穩人生戰略，鎖定高潛力加密貨幣產業，才能真正讓你實現財富彎道超車。

國家圖書館出版品預行編目資料

錢進加密貨幣：掌握金融變局，彎道超車搶先
機！/ 比爾的財經廚房（楊書銘）著 . -- 臺北市
：三采文化股份有限公司 , 2021.10
　　面 ；　公分 . -- (iRICH ; 31)
ISBN 978-957-658-643-9（平裝）

1. 電子貨幣　2. 電子商務

563.146　　　　　　　　110013946

◎封面圖片提供：
Artistdesign29 / Shutterstock.com
TeE / stock.adobe.com

suncolor
三采文化集團

iRICH　31

錢進加密貨幣：
掌握金融變局，彎道超車搶先機！

作者｜比爾的財經廚房（楊書銘）
副總編輯｜王曉雯　　執行編輯｜鄭雅芳　　校對｜詹宜蓁
美術主編｜藍秀婷　　封面設計｜高郁雯　　內頁排版｜陳佩君
行銷經理｜張育珊　　行銷企劃｜蔡芳瑀　　攝影師｜林子茗

發行人｜張輝明　　總編輯｜曾雅青　　發行所｜三采文化股份有限公司
地址｜台北市內湖區瑞光路 513 巷 33 號 8 樓
傳訊｜ TEL:8797-1234　FAX:8797-1688　　網址｜ www.suncolor.com.tw
郵政劃撥｜帳號：14319060　戶名：三采文化股份有限公司
本版發行｜ 2021 年 10 月 1 日　定價｜ NT\$450

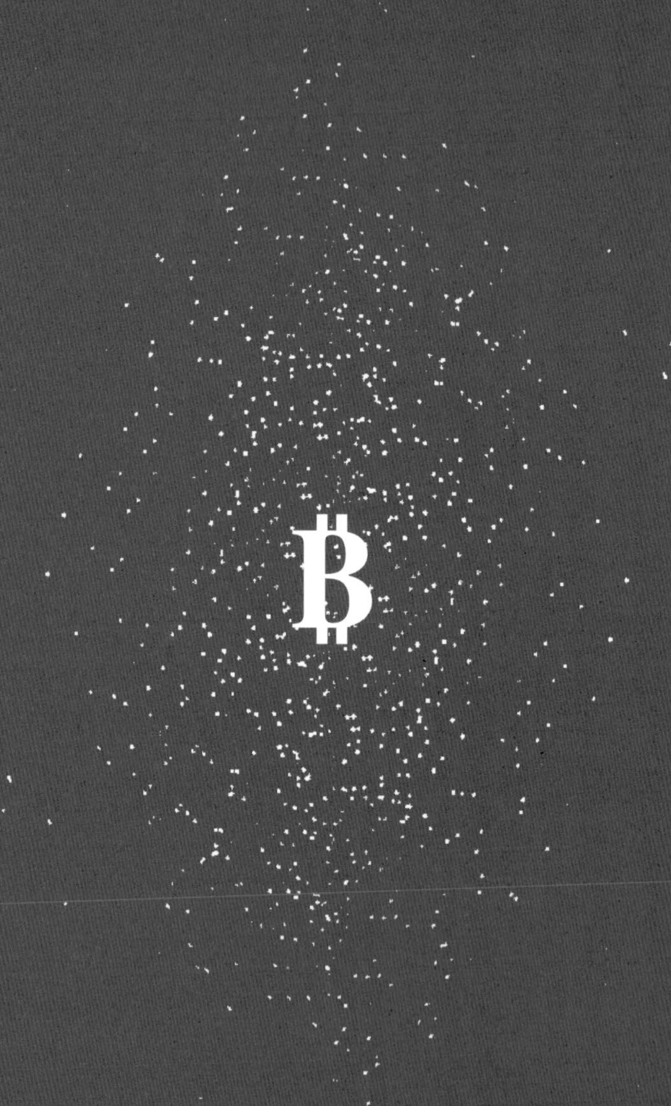